教育部中外语言交流合作中心国际中文教育创新项目

"一带一路"背景下中塞"中文＋工程专业"特色发展项目

项目编号：21YH044CX5

机械工程汉语 340 句

丛　鑫　姜永超　主编

燕山大学出版社

·秦皇岛·

图书在版编目（CIP）数据

机械工程汉语 340 句 / 丛鑫，姜永超主编. -- 秦皇
岛 ： 燕山大学出版社，2024. 12. -- ISBN 978-7-5761
-0780-7

Ⅰ. TH；H195.3

中国国家版本馆 CIP 数据核字第 202441RW74 号

机械工程汉语 340 句
JIXIE GONGCHENG HANYU 340 JU

丛　鑫　姜永超　主编

出 版 人：陈　玉			
责任编辑：孙亚楠		策划编辑：孙亚楠	
责任印制：吴　波		封面设计：刘馨泽	
出版发行：燕山大学出版社		电　　话：0335-8387555	
地　　址：河北省秦皇岛市河北大街西段 438 号		邮政编码：066004	
印　　刷：涿州市殷润文化传播有限公司		经　　销：全国新华书店	

开　　本：787 mm×1092 mm　　1/16		印　　张：8.25	字　　数：175 千字
版　　次：2024 年 12 月第 1 版		印　　次：2024 年 12 月第 1 次印刷	
书　　号：ISBN 978-7-5761-0780-7			
定　　价：66.00 元			

编委会成员

（按照姓氏拼音首字母排序）

陈　静　丛　鑫　董雪松　高迎泽

贾泽珊　姜若宁　姜永超　李　环

宋梦潇　吴昕羽　徐　敏　张　舒

张文莉　张　妍　郑　梅

前　言

　　随着全球化的不断深入，跨文化交流日益频繁，语言作为沟通的桥梁，其重要性日益凸显。在此背景下，中文作为世界上使用人数众多的语言之一，其教育和推广受到了国际社会的广泛关注。本套教材的出版，正是响应了这一时代需求，旨在为"一带一路"共建国家的专业人才，特别是机械工程领域的专业人士，提供高质量的中文教育资源。

　　本套教材主要以河钢集团与塞尔维亚斯梅代雷沃钢厂为交流环境，包括《机械工程汉语340句》《机械工程汉语综合教程》两种教材。本套教材系国际中文教育创新项目"'一带一路'背景下中塞'中文+工程专业'特色发展项目"（项目编号：21YH044CX5）的成果之一。

　　本书为《机械工程汉语340句》，包括时间表达、公司车间、工程岗位、工程公司培训、公司考勤、工作变动、工程机械工具、机械维修、工程机械操作、工程机械产品介绍、工程机械材料、工程机械产品销售、工程产品采购、工程产品验收、工程公司招聘与应聘、工程公司制度等17个与机械工程相关的主题或场景。每课由句子、词语、练一练三部分组成。每课包括20个句子及其对应的拼音、英文翻译等。根据内容，适当加了注释。

　　本套教材主要包括机械工程专业词语和常用词语。机械工程专业词语体现教材的机械工程主题特点，常用词语满足口语交际或交流需要。专业词语来源于《机械专业术语（大全）》（"'一带一路'背景下中塞'中文+工程专业'特色发展项目"研究成果之一）；常用词语来源于《国际中文教育中文水平等级标准》（GF 0025—2021）。在编写过程中，尽量使用不超过《国际中文教育中文水平等级标准》中的三级词汇表，即"6.1一级词汇表""6.2二级词汇表""6.3三级词汇表"的词语。在上述词汇表的基础上编写句子、对话等，注意常用词的复现。本套教材的语法主要来源于《国际中文教育中文水平等级标准》，把三级语言点"【三81】X什么（啊）"之前的语法点作为本套教材的语法点，进而编写句子或对话。本套教材的语言标准均采用"中文+英文"双语对应标准，英文内容为对中文内容的翻译。本套教材的句子均作了分词处理，即词与词之间用空格隔开。每个词的拼音与词对应，每个词的拼音之间用空格隔开。分词标准以《现代汉语词典》（第7版）为主。本套教材的拼音标准有四：第一，拼音大小写标准。每个句子的第一个字母、人名、地名、国名大写（遵守《中国地名汉语拼音字母拼写规则（汉语地名部分）》），其他字母小写。第二，拼音标调标准。声调标在相应的元音字母上。第三，拼音与词对应标准。第四，均采用汉字在上、拼音在下的标准。

在教材的编写过程中，我们始终坚持以下几个原则：第一，专业性原则。确保教材内容的专业性和权威性，使学习者能够学到最准确、最常用的机械工程专业知识。第二，实用性原则。注重教材的实用性，通过情景模拟、对话练习等方式，提高学习者的语言运用能力。第三，系统性原则。教材内容编排合理，由浅入深，循序渐进，确保学习者能够系统地掌握知识。第四，文化性原则。在传授语言知识的同时，注重文化元素的融入，使学习者在学习语言的过程中，也能够了解和感受中外文化共通的魅力。

本套教材的两种书之间的关系及使用建议：本套教材以中塞合作工作汉语需要为背景，注重口语与实践相结合，突出场景和主题。《机械工程汉语340句》中每课有20个句子；《机械工程汉语综合教程》中每课基本设置了两个对话，同一主题的对话中，尽量使用《机械工程汉语340句》的主题句。也就是说，《机械工程汉语340句》和《机械工程汉语综合教程》的主题或场景基本对应。

本套教材是集体智慧的结晶。在此，特别感谢燕山大学文法学院（公共管理学院）的教师和研究生们的辛勤工作和无私奉献。他们的专业知识、教育热情和创新精神，为本套教材的编写提供了坚实的基础。特别是徐敏、高迎泽、张文莉、董雪松、郑梅、张舒、张妍等老师，他们的专业指导和建议，对教材的质量提升起到了重要作用。此外，2021级与2022级的部分国际中文教育硕士研究生姜若宁、李环、吴昕羽、贾泽珊在教材编写、校对、配图和定稿等环节中发挥了重要作用。他们的积极参与和富有创造性的工作，为本教材的丰富性和生动性增添了光彩。

在教材编写及项目进行过程中，燕山大学社会科学处、燕山大学文法学院（公共管理学院）、燕山大学出版社给予了大量帮助，在此一并致谢！

目 录 *CONTENTS*

时间：你 在 钢厂 工作 几 年 啦?

Shíjiān:　nǐ　zài gāngchǎng gōngzuò jǐ　nián　la?

句子
Sentences

1.现在 几 点 了?

　Xiànzài jǐ diǎn le?

2.你 是 几 月份 入职 的?

　Nǐ　shì　jǐ　yuèfèn rùzhí　de?

3.你 在　钢厂　工作 几 年 啦?

　Nǐ　zài gāngchǎng gōngzuò jǐ nián la?

4.公司 临时 决定　周 三 开会。

　Gōngsī línshí juédìng zhōu sān kāihuì.

5.请　问　明天　是 几 号?

　Qǐng wèn míngtiān shì jǐ　hào?

6.今天 是 五 月 五 日，星期 六。

　Jīntiān shì wǔ yuè wǔ rì,　xīngqī liù.

7.你们 公司 是 什么 时间 成立 的?

　Nǐmen gōngsī shì shénme shíjiān chénglì de?

8.现在 是北京 时间 晚上　九 点半。

　Xiànzài shì běijīng shíjiān wǎnshang jiǔ diǎn bàn.

9.我们 每 周 工作 五 天，周末 可以 休息。

　Wǒmen měi zhōu gōngzuò wǔ tiān, zhōumò kěyǐ　xiūxi.

10.为了 签订　合同，他 很 早 就 到 了 公司。

　Wèile qiāndìng hétóng, tā hěn zǎo jiù dào le　gōngsī.

11.刚刚　经理要 找 你谈话。

Gānggāng jīnglǐ yào zhǎo nǐ tánhuà.

12.中国　　分公司 成立 的 时间 是 二〇二〇 年。

Zhōngguó fēngōngsī chénglì de shíjiān shì èr líng èr líng nián.

13.下周一是公司 成立 五 周年　纪念日。

Xià zhōu yī shì gōngsī chénglì wǔ zhōunián jìniànrì.

14.按照　公司的规定，大家应该在 早上 八点 准时 到达 公司。

Ànzhào gōngsī de guīdìng, dàjiā yīnggāi zài zǎoshang bā diǎn zhǔnshí dàodá gōngsī.

15.上午 十点 跟 中国 分公司的 经理 见面， 成龙 差 一点儿就 迟到 了。

　　Shàngwǔ shí diǎn gēn zhōngguó fēngōngsī de jīnglǐ jiànmiàn, Chéng Lóng chà yīdiǎnr jiù chídào le.

16.自从 高中 毕业，我 一直 在 这个 公司 工作。

　　Zìcóng gāozhōng bìyè, wǒ yīzhí zài zhège gōngsī gōngzuò.

17.我们 公司 是 在 二〇一六 年 与 中国 河钢 集团 建立 联系 的。

　　Wǒmen gōngsī shì zài èr líng yī liù nián yǔ Zhōngguó Hégāng jítuán jiànlì liánxì de.

18.现在 是 中午 十一 点 二十五 分， 我们 还 差 五 分钟 就 下班 了。

　　Xiànzài shì zhōngwǔ shíyī diǎn èrshíwǔ fēn, wǒmen hái chà wǔ fēnzhōng jiù xiàbān le.

19.预计 下 季度， 产钢量 会 翻 一 倍。

　　Yùjì xià jìdù, chǎngāngliàng huì fān yī bèi.

20.组长 要求 月底 给 出 满意 的 结果。

　　Zǔzhǎng yāoqiú yuèdǐ gěi chū mǎnyì de jiéguǒ.

词语
Words

常用词语	拼音	词性	英语
月份	yuèfèn	*n.*	month
临时	línshí	*adv.*	temporarily
成立	chénglì	*v.*	establish
预计	yùjì	*v.*	estimate
刚刚	gānggāng	*adv.*	just now
准时	zhǔnshí	*adv.*	on time
迟到	chídào	*v.*	be late
毕业	bìyè	*v.*	graduate
季度	jìdù	*n.*	quarter
月底	yuèdǐ	*n.*	end of the month
下班	xiàbān	*v.*	get off work

专业词语	拼音	词性	英语
产钢量	chǎngāngliàng	*n.*	steel production

练一练
Practice

请谈一谈你是什么时候进入公司的以及你在公司工作几年了。

Please talk about when you joined the company and how many years you have been

working here.

Time: how many years have you been working at the steel mill?

1.What time is it now?

2.In which month did you start working here?

3.How many years have you been working at the steel mill?

4.The company has temporarily decided to hold a meeting on Wednesday.

5.What is the date tomorrow?

6.Today is May 5th, Saturday.

7.When was your company established?

8.It's 9:30 p.m. Beijing time.

9.We work five days a week, and can rest on the weekend.

10.In order to sign the contract, he arrived at the company very early.

11.The manager just wanted to talk to you.

12.The Chinese branch was established in 2020.

13.Next Monday is the fifth anniversary of the company's establishment.

14.According to the company's regulations, everyone should arrive at the company on time at eight o'clock in the morning.

15.At ten o'clock in the morning, there was a meeting with the manager of the Chinese branch, and Cheng Long almost arrived late.

16.Since graduating from high school, I have been working at this company.

17.Our company established contact with China Hegang Group in 2016.

18.It is now 11:25 in the morning, and we are five minutes away from getting off work.

19.It is estimated that the steel production will double in the next quarter.

20.The team leader requires satisfactory results by the end of the month.

车间：什么 时候 来 参观 我们 工厂 的 车间？

Chējiān: shénme shíhou lái cānguān wǒmen gōngchǎng de chējiān?

句子
Sentences

1. 什么 时候 来 参观 我们 工厂 的 车间？

   Shénme shíhou lái cānguān wǒmen gōngchǎng de chējiān?

2. 参观 车间 时 需要 戴上 安全帽 并 穿上 工作服。

   Cānguān chējiān shí xūyào dàishàng ānquánmào bìng chuānshàng gōngzuòfú.

3. 这次 参观 大概 需要 一 个 小时，我们 从 这里 开始。

   Zhècì cānguān dàgài xūyào yī gè xiǎoshí, wǒmen cóng zhèlǐ kāishǐ.

4. 我们 现在 位于 生产 车间，公司 大 部分 的 产品 在 这里 生产

   Wǒmen xiànzài wèiyú shēngchǎn chējiān, gōngsī dà bùfen de chǎnpǐn zài zhèlǐ shēngchǎn

   出来。

   chūlái.

5.车间　每天　生产　大约 五百 套 设备，我们 有 十 条 不同 的

Chējiān měitiān shēngchǎn dàyuē wǔbǎi tào shèbèi, wǒmen yǒu shí tiáo bùtóng de

生产线，　　还有　两条　正在　建设　中。

shēngchǎnxiàn, háiyǒu liǎng tiáo zhèngzài jiànshè zhōng.

6.车间　主要　生产　轴承钢、　齿轮钢、　弹簧钢、　合金结构钢 等

Chējiān zhǔyào shēngchǎn zhóuchénggāng, chǐlúngāng, tánhuánggāng, héjīnjiégòugāng děng

产品。

chǎnpǐn.

7.制作　成品　钢材 需要 经过 烧结、炼铁、炼钢、 轧钢　等　过程。

Zhìzuò chéngpǐn gāngcái xūyào jīngguò shāojié, liàntiě, liàngāng, zhágāng děng guòchéng.

8.车间 的 主要 机器 包括 一 台 废钢破碎机，两 台 废钢剪切机，四 台

Chējiān de zhǔyào jīqì bāokuò yī tái fèigāngpòsuìjī, liǎng tái fèigāngjiǎnqiē jī, sì tái

精炼炉、 大棒、 中棒、 小棒、高速线材、 四 套 轧钢　生产　设备

jīngliànlú, dàbàng, zhōngbàng, xiǎobàng, gāosùxiàncái, sì tào zhágāng shēngchǎn shèbèi

和 多套 精整 系统。

hé duō tào jīngzhěng xìtǒng.

9.这里是 车间 的 办公区，所有 的　行政　部门 都 在 这儿，包括 销售部、

Zhèlǐ shì chējiān de bàngōngqū, suǒyǒu de xíngzhèng bùmén dōu zài zhèr, bāokuò xiāoshòubù,

会计部、人事部、市场 调查部　等。

kuàijìbù, rénshìbù, shìchǎng diàochábù děng.

10.很　高兴　能 为 你 介绍　工厂　，帮助 你 熟悉 车间 的 主要 工作。

Hěn gāoxìng néng wèi nǐ jièshào gōngchǎng, bāngzhù nǐ shúxī chējiān de zhǔyào gōngzuò.

11.我们　工厂 自给自足，拥有 实验室、质量 检查 部门 等。

Wǒmen gōngchǎng zìjǐzìzú, yōngyǒu shíyànshì, zhìliàng jiǎnchá bùmén děng.

12.质量　检查 部门 主要 负责 检查 我们　产品　的 质量。

　　Zhìliàng jiǎnchá bùmén zhǔyào fùzé　jiǎnchá wǒmen chǎnpǐn de zhìliàng .

13.如果 有 任何 问题，您 可以 随时 打断 我。

　　Rúguǒ yǒu rènhé wèntí，　nín　kěyǐ suíshí dǎduàn wǒ。

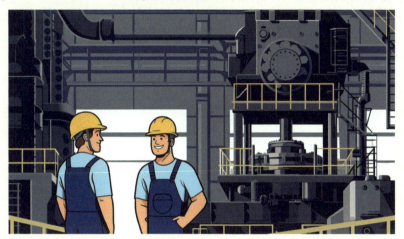

14.我们　的 产品　销往　国 内外，十分 受 客户的 欢迎。

　　Wǒmen de chǎnpǐn xiāowǎng　guó nèiwài，shífēn shòu kèhù de huānyíng.

15.我们　公司 非常　重视　创新，每 年 总　销售额 的 百分之十 用于

　　Wǒmen gōngsī fēicháng zhòngshì chuàngxīn，měi nián zǒng xiāoshòu'é de bǎifēnzhīshí yòngyú

技术 研发。

　　jìshù yánfā.

16.我 乐于 为 您 解答，希望 您 会 对 我们　工厂　有 一 个 大致 的 了解。

　　Wǒ lèyú　wèi nín jiědá，　xīwàng nín huì duì wǒmen gōngchǎng yǒu yī gè dàzhì de liǎojiě。

17.希望　我们　合作 愉快！

　　Xīwàng wǒmen hézuò yúkuài！

18.我们　会 按时 交付 客户 的 订单，以免　影响 客户 的 生产 进度。

　　Wǒmen huì ànshí jiāofù　kèhù de dìngdān，yǐmiǎn yǐngxiǎng kèhù de shēngchǎn jìndù。

19. 为了 保证 安全， 工厂 要求 所有 人员 必须 做好 安全 工作。

Wèile bǎozhèng ānquán, gōngchǎng yāoqiú suǒyǒu rényuán bìxū zuòhǎo ānquán gōngzuò.

20. 我 可以 拍 一些 照片，发 给 我 其他 的 同事 吗？

Wǒ kěyǐ pāi yīxiē zhàopiàn, fā gěi wǒ qítā de tóngshì ma?

词语
Words

常用词语	拼音	词性	英语
车间	chējiān	*n.*	factory workshop
安全帽	ānquánmào	*n.*	safety helmet
大致	dàzhì	*adj.*	general
包括	bāokuò	*v.*	include
创新	chuàngxīn	*n.*	innovation
合作	hézuò	*v.*	cooperate
订单	dìngdān	*n.*	order
建设	jiànshè	*v.*	constrate
打断	dǎduàn	*v.*	interrupt
质量	zhìliàng	*n.*	quality
检查	jiǎnchá	*n./v.*	check
约	yuē	*adv.*	about
熟悉	shúxi	*v.*	be familiar with
研发	yánfā	*v./n.*	research and development
交付	jiāofù	*v.*	deliver
生产	shēngchǎn	*v./n.*	produce; production
介绍	jièshào	*v.*	introduce

专业词语	拼音	词性	英语
轴承钢	zhóuchénggāng	n.	bearing steel
齿轮钢	chǐlúngāng	n.	gear steel
弹簧钢	tánhuánggāng	n.	spring steel
合金结构钢	héjīnjiégòugāng	n.	alloy structural steel
废钢破碎机	fèigāngpòsuìjī	n.	scrap steel shredder
废钢剪切机	fèigāngjiǎnqiējī	n.	scrap steel shearing machine
精炼炉	jīngliànlú	n.	refining furnace
大棒	dàbàng	n.	large round steel
中棒	zhōngbàng	n.	medium round steel
小棒	xiǎobàng	n.	small round steel
高速线材	gāosùxiàncái	n.	high-speed wire rod

练一练
Practice

请你介绍一下车间里有什么设备。

Please introduce the equipment in the workshop.

Workshop: when will you come to visit the workshop of our factory?

1. When will you come to visit the workshop of our factory?

2. When visiting the workshop, you need to put on a safety helmet and wear work clothes.

3. This visit will take approximately one hour, and we will start from here.

4. We are now located on the production floor, where most of the company's products are produced.

5. The workshop produces about 500 sets of equipment daily, and we have 10 different production lines, with two more under construction.

6. The workshop mainly produces steel materials such as bearing steel, gear steel, spring steel, and alloy structural steel.

7. The production of finished steel products requires processes such as sintering, ironmaking, steelmaking, and rolling.

8. The main machines in the workshop include 1 scrap steel shredder, 2 scrap shearing machines, 4 refining furnaces, large round steel, medium round steel, small round steel, high-speed wire rod, 4 sets of steel rolling production equipment, and multiple finishing systems.

9. This is the office area of the workshop, where all the administrative departments are located, including the Sales Department, Accounting Department, Human Resources Department, Market Research Department, and so on.

10. I am very pleased to introduce the factory to you and help you become familiar with the main work of the workshop.

11. Our factory is self-sufficient, with laboratories, quality inspection departments, and so on.

12. The quality inspection department is mainly responsible for checking the quality of our products.

13. If you have any questions, you can interrupt me at any time.

14. Our products are sold domestically and internationally, and are very popular with customers.

15. Our company attaches great importance to innovation, and 10% of our total annual sales is spent on technology development.

16. I am happy to answer your questions, and I hope you will have a general understanding of our factory.

17. I hope our cooperation will be pleasant!

18. We will deliver the customer's order on time so as not to interfere with the customer's production.

19. To ensure safety, the factory requires all personnel to conduct safety work properly.

20. May I take some photos and send them to my other colleagues?

句子

Sentences

1.这个 岗位 是 做 什么 的？

Zhège gǎngwèi shì zuò shénme de?

2.这个 部门 是 负责 什么 工作 的？

Zhège bùmén shì fùzé shénme gōngzuò de?

3.我 是 应聘 机械 设备 运维 工程师 岗位 的。

Wǒ shì yìngpìn jīxiè shèbèi yùnwéi gōngchéngshī gǎngwèi de.

4.了解 机械 原理 对 机械 工艺 工程师 来说，是 十分 重要 的。

Liǎojiě jīxiè yuánlǐ duì jīxiè gōngyì gōngchéngshī lái shuō, shì shífēn zhòngyào de.

5.这 张 机构 运动 简图是 我画 的。

Zhè zhāng jīgòu yùndòng jiǎntú shì wǒ huà de.

6.机械 设计师是 负责 设计 机械 内部 结构 的。

Jīxiè shèjìshī shì fùzé shèjì jīxiè nèibù jiégòu de.

7.机械 动力学 是 现代 机械 设计 的 理论 基础。

Jīxiè dònglìxué shì xiàndài jīxiè shèjì de lǐlùn jīchǔ.

8.机械 设计 制造 及 其 自动化 专业 可以 从事 计算机 辅助 设计 或 计算机

Jīxiè shèjì zhìzào jí qí zìdònghuà zhuānyè kěyǐ cóngshì jìsuànjī fǔzhù shèjì huò jìsuànjī

辅助 制造 的 工作。

fǔzhù zhìzào de gōngzuò.

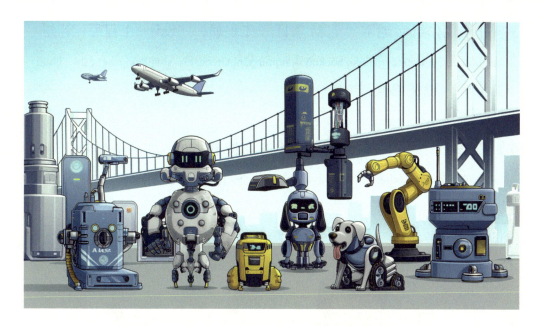

9. 领导 要求 月底 给出 有关 这个 项目 的 机械 系统 设计。

Lǐngdǎo yāoqiú yuèdǐ gěichū yǒuguān zhège xiàngmù de jīxiè xìtǒng shèjì.

10. 我 的 团队 曾 在 第八届 全国 大学生 机械 创新 设计 大赛 中 获得

Wǒ de tuánduì céng zài dì-bā jiè quánguó dàxuéshēng jīxiè chuàngxīn shèjì dàsài zhōng huòdé

一 等 奖。

yīděng jiǎng.

11. 这个 公司 正在 招聘 不同 岗位 的 员工。

Zhège gōngsī zhèngzài zhāopìn bùtóng gǎngwèi de yuángōng.

12. 我 打算 毕业 后 成为 一 名 机械 工程师。

Wǒ dǎsuàn bìyè hòu chéngwéi yī míng jīxiè gōngchéngshī.

13. 项目 经理 每 周 都 要 去 南京 开会。

Xiàngmù jīnglǐ měi zhōu dōu yào qù Nánjīng kāihuì.

14. 我 是 一 名 检查员，我 每 天 负责 检查 机械 设备 的 使用 情况。

Wǒ shì yī míng jiǎncháyuán, wǒ měi tiān fùzé jiǎnchá jīxiè shèbèi de shǐyòng qíngkuàng.

15. 项目　工作组　通常　包括 项目　工程师、 设计　工程师、计划

Xiàngmù gōngzuòzǔ tōngcháng bāokuò xiàngmù gōngchéngshī,　shèjì gōngchéngshī,　jìhuà

工程师　 以及 各类 专家。

gōngchéngshī yǐjí　 gèlèi zhuānjiā.

16. 如果 你以后 想　成为　一名 优秀的 机械技术员，你 需要 学习 丰富 的

Rúguǒ nǐ yǐhòu xiǎng chéngwéi yī míng yōuxiù de　jīxiè jìshùyuán,　　nǐ xūyào xuéxí fēngfù de

机械 知识。

jīxiè zhīshi.

17. 机械 设计师 将 设计 好 的 机械 图纸 送到　总公司。

Jīxiè　shèjìshī　jiāng shèjì hǎo de jīxiè　túzhǐ sòngdào zǒnggōngsī.

18. 请　给我一份 关于 公司　岗位 的 简介。

Qǐng gěi wǒ yī fèn guānyú gōngsī gǎngwèi de jiǎnjiè.

19. 翻译员　将 一些 外文 的 机械 资料 翻译 成 汉语。

Fānyìyuán jiāng yīxiē wàiwén de　jīxiè　zīliào fānyì chéng hànyǔ.

20. 秘书　将 开会 的 资料 准备 好 了。

Mìshū jiāng kāihuì de　zīliào zhǔnbèi hǎo le.

词语
Words

常用词语	拼音	词性	英语
岗位	gǎngwèi	*n.*	position
部门	bùmén	*n.*	department
原理	yuánlǐ	*n.*	principle
简图	jiǎntú	*n.*	schematic
设计	shèjì	*v./n.*	design
招聘	zhāopìn	*v.*	recruit
工程师	gōngchéngshī	*n.*	engineer
工艺	gōngyì	*n.*	technology

专业词语	拼音	词性	英语
计算机辅助设计	jìsuànjīfǔzhùshèjì	*n.*	computer aided design
计算机辅助制造	jìsuànjīfǔzhùzhìzào	*n.*	computer aided manufacturing
机械系统设计	jīxièxìtǒngshèjì	*n.*	mechanical system design
机械创新设计	jīxièchuàngxīnshèjì	*n.*	mechanical innovation design

练一练
Practice

你知道哪些岗位？你了解那些岗位是做什么的吗？

Do you know which positions ? Do you know what those positions do?

Position: what does this department do?

1.What does this position do?

2.What is the department responsible for?

3.I am applying for the position of mechanical equipment operation and maintenance engineer.

4.It is very important for a mechanical process engineer to understand the principles of machinery.

5.I drew this schematic of the mechanism motion.

6.Mechanical designer is responsible for the internal structure of machinery.

7.Mechanical dynamics is the theoretical basis of modern mechanical design.

8.The major of mechanical design, manufacture and automation can be engaged in the work of computer aided design or computer aided manufacturing.

9.The leader requires the mechanical system design of this project to be given by the end of the month.

10.My team won the first prize in the 8th National College Students Mechanical Innovation Design Competition.

11.The company is hiring for different positions.

12.I plan to be a mechanical engineer after graduation.

13.The project manager goes to Nanjing for meetings every week.

14.I am an inspector. I am responsible for checking the use of mechanical equipment every day.

15.The project team usually includes project engineers, design engineers, planning engineers, and various experts.

16.If you want to be an excellent mechanical technician in the future, you need to learn a lot of mechanical knowledge.

17. The mechanical designer will send the designed mechanical drawings to the head office.

18. Please give me a profile of the position in the company.

19. Translators translate some mechanical materials from foreign languages into Chinese.

20. The secretary has prepared the materials for the meeting.

培训：工作 前 要 确保 一切 用具 安全 可靠

Péixùn: gōngzuò qián yào quèbǎo yīqiè yòngjù ānquán kěkào

句子
Sentences

1.我们 需要 学习 炼钢厂 转炉 安全 操作 规程。

Wǒmen xūyào xuéxí liàngāngchǎng zhuànlú ānquán cāozuò guīchéng.

2.凡 进入 岗位 的人员 必须 经过 四级 安全 教育，考试 合格 后 方 能

Fán jìnrù gǎngwèi de rényuán bìxū jīngguò sì jí ānquán jiàoyù, kǎoshì hégé hòu fāng néng

上岗。 劳保 用品 穿戴 齐全。班 前、班 中 不许 饮酒，班 中 不许

shànggǎng. Láobǎo yòngpǐn chuāndài qíquán. Bān qián, bān zhōng bùxǔ yǐnjiǔ, bān zhōng bùxǔ

打架、看书报、睡觉、脱岗、串岗。

dǎjià, kàn shū bào, shuìjiào, tuōgǎng, chuàngǎng.

3.工作 前 要 检查 工具、机具、吊具，确保 一切 用具 安全 可靠。

Gōngzuò qián yào jiǎnchá gōngjù, jījù, diàojù, quèbǎo yīqiè yòngjù ānquán kěkào.

4.各 岗位 操作 人员，对 本岗 操作 的按钮 在 确认 正确 后， 方 可

Gè gǎngwèi cāozuò rényuán, duì běngǎng cāozuò de ànniǔ zài quèrèn zhèngquè hòu, fāng kě

操作。

cāozuò.

5.严格 执行 "指挥 天车 手势 规定"， 并 配用 口哨 指挥，注意 自身

Yángé zhíxíng "zhǐhuī tiānchē shǒushì guīdìng", bìng pèiyòng kǒushào zhǐhuī, zhùyì zìshēn

保护。

bǎohù.

6.任何 人 不得 在 天车 吊运 的 重物 下 站立、通过 并 工作。

Rènhé rén bùdé zài tiānchē diàoyùn de zhòngwù xià zhànlì, tōngguò bìng gōngzuò.

7.挂物 必须 牢固，确认 超过 地面 或 设备 等 一定 安全 距离 之后，方

Guàwù bìxū láogù, quèrèn chāoguò dìmiàn huò shèbèi děng yīdìng ānquán jùlí zhīhòu, fāng

可 指挥 运行。

kě zhǐhuī yùnxíng.

8.吊 铁水包、废钢斗，必须 检查 两侧 耳轴，确认 挂好 后， 方 能

Diào tiěshuǐbāo, fèigāngdǒu, bìxū jiǎnchá liǎngcè ěrzhóu, quèrèn guàhǎo hòu, fāng néng

指挥 运行。

zhǐhuī yùnxíng.

9.在 放 铁水包 时，地面 一定 要 平坦，确认 包腿 是否 完好，确认 放好

Zài fàng tiěshuǐbāo shí, dìmiàn yīdìng yào píngtǎn, quèrèn bāotuǐ shìfǒu wánhǎo, quèrèn fànghǎo

后，才 能 指挥 脱钩 走车。

hòu, cái néng zhǐhuī tuōgōu zǒuchē.

10.严禁 在 废钢斗 外部 悬挂 废钢 等 杂物。外挂物 清理 好 后 方 可

Yánjìn zài fèigāngdǒu wàibù xuánguà fèigāng děng záwù. Wàiguàwù qīnglǐ hǎo hòu fāng kě

起吊、运行。

qǐdiào, yùnxíng.

11.铁水包、 钢水包 的 金属 液面 要 低于 包沿 三百 毫米。

Tiěshuǐbāo， gāngshuǐbāo de jīnshǔ yèmiàn yào dīyú bāoyán sānbǎi háomǐ.

12.在 高氧气 含量 区域 不得 抽烟 或 携带 火种； 在 煤气 区域 人员 不得

Zài gāo yǎngqì hánliàng qūyù bùdé chōuyān huò xiédài huǒzhǒng；zài méiqì qūyù rényuán bùdé

停留 穿行； 在 高氧气 含量 区域 或 煤气 区域 工作 时， 必须 有 安全

tíngliú chuānxíng；zài gāo yǎngqì hánliàng qūyù huò méiqì qūyù gōngzuò shí，bìxū yǒu ānquán

措施。氧气、煤气 管道 附近， 严禁 存放 易燃、 易爆 物品。

cuòshī. Yǎngqì，méiqì guǎndào fùjìn，yánjìn cúnfàng yìrán， yìbào wùpǐn.

13.转炉 吹炼 中 炉前、炉后、炉下 不得 有 人员 工作 或 停留。

Zhuànlú chuīliàn zhōng lú qián， lú hòu， lú xià bùdé yǒu rényuán gōngzuò huò tíngliú.

转炉 在 兑 铁水 及 加 废钢 时， 炉前 严禁 通行。 转炉 出钢 时， 炉

Zhuànlú zài duì tiěshuǐ jí jiā fèigāng shí，lú qián yánjìn tōngxíng. Zhuànlú chūgāng shí，lú

后 严禁 通行。

hòu yánjìn tōngxíng.

14.加 压渣剂 时 应 从 炉嘴 侧面 加入，其他 人员 必须 避开；增碳剂 不得 在

Jiā yāzhājì shí yīng cóng lúzuǐ cèmiàn jiārù， qítā rényuán bìxū bìkāi；zēngtànjì bùdé zài

出钢　前 提前 加入 钢包。

chūgāng qián tíqián　jiārù gāngbāo.

15.交接 班 时，接班者 未经　交班者 允许 时，不得 操作 任何 设备。

Jiāojiē bān shí，jiēbānzhě wèi jīng jiāobānzhě yǔnxǔ shí，　bùdé cāozuò rènhé shèbèi.

16.消防　器材、空气 呼吸器 上 禁止 放 任何 物品，设有 专人 负责 看管，

Xiāofáng qìcái，kōngqì hūxīqì shàng jìnzhǐ fàng rènhé wùpǐn，shèyǒu zhuānrén fùzé kānguǎn，

严禁 丢失、损坏 和 不 合理 使用。

yánjìn diūshī，sǔnhuài hé bù　hélǐ shǐyòng.

17.这是 炼钢　工人 应该 注意 的 安全 事项。

Zhè shì liàngāng gōngrén yīnggāi zhùyì de ānquán shìxiàng.

18.禁止 把 潮湿　原料、报废 武器 等 作为 废钢 加入 炉内，以免 引起 爆炸。

Jìnzhǐ bǎ cháoshī yuánliào，bàofèi wǔqì děng zuòwéi fèigāng jiārù lúnèi，yǐmiǎn yǐnqǐ bàozhà.

钢液、　红渣 也 不得 倒入 潮湿 的　盛钢桶、　钢渣包 或 倒在 潮湿

Gāngyè，hóngzhā yě bùdé dàorù cháoshī de chénggāngtǒng，gāngzhābāo huò dàozài cháoshī

的 地上。

de dìshàng.

19.为 防止 熔炼　中 引起 喷溅 爆炸 事故，注意 不要 加入 过量 的 氧化剂，

Wèi fángzhǐ róngliàn zhōng yǐnqǐ pēnjiàn bàozhà shìgù，zhùyì bùyào jiārù guòliàng de yǎnghuàjì，

不要 剧烈 搅拌 钢液。

bùyào jùliè jiǎobàn gāngyè.

20.钢水包　不要　盛装　太满，行车 吊运 时要 严格 遵守　操作

Gāngshuǐbāo bùyào chéngzhuāng tài mǎn，xíngchē diàoyùn shí yào yángé zūnshǒu cāozuò

规程，　严防　发生　翻包 事故。

guīchéng，yánfáng fāshēng fānbāo shìgù.

词语
Words

常用词语	拼音	词性	英语
炼钢厂	liàngāngchǎng	*n.*	steel mill
安全	ānquán	*n./adj.*	security; safe
考试	kǎoshì	*n.*	examination
合理	hélǐ	*adj.*	reasonable
工人	gōngrén	*n.*	worker
注意	zhùyì	*v.*	notice
原料	yuánliào	*n.*	ingredient
熔炼	róngliàn	*v.*	smelt

专业词语	拼音	词性	英语
转炉	zhuànlú	*n.*	converter
炉嘴	lúzuǐ	*n.*	furnace mouth
铁水包	tiěshuǐbāo	*n.*	the iron ladle
钢水包	gāngshuǐbāo	*n.*	the steel ladle

请说说在工作中需要遵守哪些安全操作规程。

Please discuss the safety operating procedures that need to be followed at work.

Training: ensure that all tools and equipment are safe and reliable before starting work

1. We need to learn the safe operation rules of converter in steel mill.

2. All personnel entering the post must pass the four-level safety education and pass the examination before taking the post. The labor protection articles shall be fully worn. No drinking is allowed before and during the work, and no fighting, reading books and newspapers, sleeping, leaving the post, or visiting the post are allowed in the work.

3. Before work, check tools, machines, and slings to ensure that all tools are safe and reliable.

4. Operators of each post can operate the button after confirming that it is correct.

5. Strictly implement the "regulations on commanding the hand signals of the crown block", and use whistles to command, and pay attention to self-protection.

6. No one is allowed to stand, pass or work under the weight lifted by the crown block.

7. The hanging object must be firm, and the operation can only be commanded after confirming that it exceeds a certain safe distance from the ground or equipment.

8. When lifting the iron ladle and scrap bucket, the trunnions on both sides must be checked, and the operation can be commanded only after they are confirmed to be hung.

9. When placing the iron ladle, the ground must be flat. Confirm whether the ladle leg is in good condition. Only after confirming that the ladle is properly placed, can you command the uncoupling and moving.

10. It is forbidden to hang scrap steel and other sundries outside the scrap bucket. The external stores can be lifted and operated after being cleaned.

11. The metal level of iron ladle and steel ladle shall be 300mm lower than the ladle edge.

12. Do not smoke or carry kindling in areas with high oxygen content; personnel in the gas area shall not stay or pass through; safety measures must be taken when working in areas with high oxygen content or gas areas. It is forbidden to store flammable and explosive materials near oxygen and gas pipelines.

13. No personnel shall work or stay in front of, behind or under the converter during converter blowing. It is forbidden to pass in front of the converter when mixing molten iron and adding scrap steel. When tapping the converter, it is forbidden to pass behind the converter.

14. The pressurized slag agent should be added from the side of the furnace mouth, and other personnel must avoid it; carburizing agent shall not be added to the ladle in advance before tapping.

15. During shift handover, the person taking over the shift shall not operate any equipment without the permission of the person taking over the shift.

16. No articles are allowed to be placed on the fire-fighting equipment and air respirator, and special personnel are assigned to take care of them. It is forbidden to lose, damage or use them unreasonably.

17. This is a safety item that steel workers should pay attention to.

18. It is forbidden to add wet raw materials and scrap weapons into the furnace as scrap steel to avoid explosion. Liquid steel and red slag shall not be poured into wet steel drums, steel slag ladle or be poured on wet ground.

19. In order to prevent splashing and explosion accidents caused by smelting, it is necessary to avoid adding excessive oxidant and stirring the molten steel violently.

20. The steel shall not be too full, and the operation regulations shall be strictly followed during crane lifting to prevent the ladle overturning accident.

考勤：考勤 方式 采用 指纹 打卡

Kǎoqín:　kǎoqín fāngshì cǎiyòng zhǐwén　dǎkǎ

句子
Sentences

1.我 每周　工作　五天。

　　Wǒ měi zhōu gōngzuò wǔ tiān.

2.我 每天　工作　七 小时。

　　Wǒ měi tiān gōngzuò qī xiǎoshí.

3.我 早上　九 点　上班。

　　Wǒ zǎoshàng jiǔ diǎn shàngbān.

4.我 下午 五点 下班。

　　Wǒ xiàwǔ wǔ diǎn xiàbān.

5.我 中午　能 休息 一 小时。

　　Wǒ zhōngwǔ néng xiūxī yī xiǎoshí.

6.考勤 方式 采用 指纹 打卡。

　　Kǎoqín fāngshì cǎiyòng zhǐwén dǎkǎ.

7.每个　员工 必须 自己 打卡，不能 请人 帮忙 打卡。

　　Měi gè yuángōng bìxū　zìjǐ　dǎkǎ ，bù néng qǐng rén bāngmáng dǎkǎ.

8.我 一般 坐 公交车　上班。

　　Wǒ yībān zuò gōngjiāochē shàngbān.

9.我 早上　八 点 出发。

　　Wǒ zǎoshàng bā diǎn chūfā.

10.我 八 点 四十 能 到 公司。

Wǒ bā diǎn sìshí néng dào gōngsī.

11.我们 进入 车间 必须 穿好 工作服，戴好 安全帽。

Wǒmen jìnrù chējiān bìxū chuānhǎo gōngzuòfú, dàihǎo ānquánmào.

12.我 发 工资 了。

Wǒ fā gōngzī le.

13.不 好意思，我 迟到 了。

Bù hǎoyìsī, wǒ chídào le.

14.经理，我 想 请假，因为 我 头疼。

Jīnglǐ, wǒ xiǎng qǐngjià, yīnwèi wǒ tóuténg.

15.我 想 请 半天（一 天/三 天/一 星期）的 假。

wǒ xiǎng qǐng bàn tiān (yī tiān / sān tiān / yī xīngqī) de jià.

16.您 好，我 今天 头疼，所以 我 不 能 去上班 了。

Nín hǎo, wǒ jīntiān tóuténg, suǒyǐ wǒ bù néng qù shàngbān le.

17.你 为什么 迟到 了？

Nǐ wèishénme chídào le?

18.路上 堵车 了。

　　Lùshàng dǔchē le.

19.你 不 可以 早退。

　　Nǐ bù kěyǐ zǎotuì.

20.我 先 下班 了，明天 见。

　　Wǒ xiān xiàbān le, míngtiān jiàn.

词语
Words

常用词语	拼音	词性	英语
公司	gōngsī	*n.*	company
工作	gōngzuò	*v.*	work
早上	zǎoshàng	*n.*	morning
中午	zhōngwǔ	*n.*	noon
下午	xiàwǔ	*n.*	afternoon
上班	shàngbān	*v.*	go to work
下班	xiàbān	*v.*	off duty
方式	fāngshì	*n.*	method
采用	cǎiyòng	*v.*	use
员工	yuángōng	*n.*	employee
必须	bìxū	*v.*	must
帮忙	bāngmáng	*v.*	help
一般	yībān	*adv.*	generally
公交车	gōngjiāochē	*n.*	bus
到	dào	*v.*	to
进入	jìnrù	*v.*	enter
穿	chuān	*v.*	wear

（续表）

常用词语	拼音	词性	英语
戴	dài	*v.*	wear
经理	jīnglǐ	*n.*	manager
想	xiǎng	*v.*	want to

专业词语	拼音	词性	英语
工作服	gōngzuòfú	*n.*	work clothes
安全帽	ānquánmào	*n.*	safety helmet

练一练
Practice

请说一说公司的上班时间和考勤方式。

Please explain the company's working hours and attendance methods.

Attendance: the attendance method uses fingerprint clock in

1.I work five days a week.

2.I work seven hours a day.

3.I go to work at nine o'clock in the morning.

4.I knock off work at five o'clock in the afternoon.

5.I can have an hour break at noon.

6.The attendance method uses fingerprint clock in.

7.Each employee must clock in himself/herself and cannot ask for help to clock in.

8.I usually take the bus to work.

9.I leave at eight o'clock in the morning.

10.I am able to get to the company at 8:40.

11.We must wear work clothes and safety helmets when we enter the workshop.

12.I have received my salary.

13.Sorry, I am late.

14.Manager, I want to ask for leave because I have a headache.

15.I'd like to take half a day (one day, three days, one week) off.

16.I have a headache today, so I can't go to work.

17.Why are you late?

18.There was a traffic jam on the road.

19.You can't leave early.

20.I'm off work, see you tomorrow.

句子
Sentences

1. 你想 调 去哪儿工作？

   Nǐ xiǎng diào qù nǎr gōngzuò?

2. 我 申请 调 到技术岗。

   Wǒ shēnqǐng diào dào jìshùgǎng.

3. 我 被调 到了管理岗。

   Wǒ bèi diào dào le guǎnlǐgǎng.

4. 公司 决定把你调到 管理岗。

   Gōngsī juédìng bǎ nǐ diào dào guǎnlǐgǎng.

5. 你需要 交接 一下 工作。

   Nǐ xūyào jiāojiē yīxià gōngzuò.

6. 我的 工作 内容 是 什么？

   Wǒ de gōngzuò nèiróng shì shénme?

7. 我可以 胜任 这个 岗位 吗？

   Wǒ kěyǐ shèngrèn zhège gǎngwèi ma?

8. 感谢 公司 给我这次机会。

   Gǎnxiè gōngsī gěi wǒ zhè cì jīhuì.

9. 希望 你在新的岗位 上 继续 努力。

   Xīwàng nǐ zài xīn de gǎngwèi shàng jìxù nǔlì.

10. 祝 你 工作 顺利。

    Zhù nǐ gōngzuò shùnlì.

11. 我 相信 你可以胜任 新 工作。

    Wǒ xiāngxìn nǐ kěyǐ shèngrèn xīn gōngzuò.

12.工作 上 有 不懂 的 地方 可以 来 问 我。

Gōngzuò shàng yǒu bùdǒng de dìfāng kěyǐ lái wèn wǒ.

13.带 新 员工 熟悉 业务 的 事情 就 交给 你 了。

Dài xīn yuángōng shúxi yèwù de shìqíng jiù jiāo gěi nǐ le.

14.我 是 刚 调来 的 新 员工。

Wǒ shì gāng diào lái de xīn yuángōng.

15.你 先 熟悉 一下 你 的 新 工位。

Nǐ xiān shúxi yīxià nǐ de xīn gōngwèi.

16.这 次 岗位 调动 是 对 你 工作 的 肯定。

Zhè cì gǎngwèi diàodòng shì duì nǐ gōngzuò de kěndìng.

17.这 是 我们 的 新 同事。

Zhè shì wǒmen de xīn tóngshì.

18.期待 你 在 工作 上 的 表现。

Qīdài nǐ zài gōngzuò shàng de biǎoxiàn.

19.他 比 我 更 适合 这个 岗位。

Tā bǐ wǒ gèng shìhé zhège gǎngwèi.

20.我 很 满意 现在 的 工作。

Wǒ hěn mǎnyì xiànzài de gōngzuò.

词语
Words

常用词语	拼音	词性	英语
顺利	shùnlì	*adv.*	smoothly
机会	jīhuì	*n.*	opportunity
期待	qīdài	*v.*	look forward to
继续	jìxù	*v.*	continue
熟悉	shúxi	*adj.*	be familiar with
表现	biǎoxiàn	*n.*	performance
满意	mǎnyì	*adj.*	be satisfied with

专业词语	拼音	词性	英语
胜任	shèngrèn	*v.*	competent
调动	diàodòng	*v.*	transfer
交接	jiāojiē	*v.*	hand over
申请	shēnqǐng	*v.*	apply for
变动	biàndòng	*n.*	change

请说一说你适合在什么岗位上工作。

Please tell me which position is suitable for you to work in.

Job change: I have been transferred to a management position

1.Which position do you want to transfer?

2.I am applying to be transferred to a technical position.

3.I was transferred to a management position.

4.The company has decided to transfer you to a management position.

5.You need to hand over the work.

6.What are my job responsibilities?

7.Can I be competent for this position?

8.Thank you to the company for giving me this opportunity.

9.I hope you will continue to work hard in your new position.

10.Wishing you success in your work.

11.I believe you are capable of handling the new job.

12.If you have any questions about work, you can come and ask me.

13.It's up to you to familiarize new employees with the business.

14.I am a newly transferred employee.

15.First, familiarize yourself with your new workstation.

16.This job transfer is a recognition of your work.

17.This is our new colleague.

18.Looking forward to your performance at work.

19.He is more suitable for this position than me.

20.I am very satisfied with my current job.

第七课

工程 机械 工具 I：这台 机器 是 做 什么
Gōngchéng jīxiè gōngjù I : zhè tái jīqì shì zuò shénme
用 的？
yòng de?

句子

Sentences

1.这 台 机器 是 做 什么 用 的？

  Zhè tái jīqì shì zuò shénme yòng de?

2.这 是 水压机 吗？

  Zhè shì shuǐyājī ma?

3.这 台 机器 是 什么？

  Zhè tái jīqì shì shénme?

4.这 两 台 机器 有 什么 区别？

  Zhè liǎng tái jīqì yǒu shénme qūbié?

5.水压机 包括 几 部分？

  Shuǐyājī bāokuò jǐ bùfen?

6.铁前 系统 有 大型 焦炉、烧结机、高炉 等。

Tiěqián xìtǒng yǒu dàxíng jiāolú, shāojiéjī, gāolú děng.

7.钢厂 有 铁前 系统、炼钢 系统、轧钢 系统。

Gāngchǎng yǒu tiěqián xìtǒng, liàngāng xìtǒng, zhágāng xìtǒng.

8.轧钢 系统有热轧板卷 轧机、宽厚板 轧机、酸洗冷轧 联合 机组,

Zhágāng xìtǒng yǒu rèzhábǎnjuǎn zhájī, kuānhòubǎn zhájī, suānxǐlěngzhá liánhé jīzǔ,

棒材、 线材 和 型材 轧机。

bàngcái, xiàncái hé xíngcái zhájī.

9.公司 形成 了 采矿、炼铁、炼钢、 轧钢及深 加工 等 全 流程

Gōngsī xíngchéng le cǎikuàng, liàntiě, liàngāng, zhágāng jí shēn jiāgōng děng quán liúchéng

的 钢铁 生产 制造 技术。

de gāngtiě shēngchǎn zhìzào jìshù.

10.现在 钢厂 的 炼钢 技术 已经 实现 自动化。

Xiànzài gāngchǎng de liàngāng jìshù yǐjīng shíxiàn zìdònghuà.

11.炼钢 系统 有 转炉、电弧炉。

Liàngāng xìtǒng yǒu zhuànlú, diànhúlú.

12.齿轮 变速箱 的 应用 范围 很 广。

Chǐlún biànsùxiāng de yìngyòng fànwéi hěn guǎng.

13.鼓风机 是 一种 辅助 输送 气体 的 通用 机械。

Gǔfēngjī shì yī zhǒng fǔzhù shūsòng qìtǐ de tōngyòng jīxiè.

14.根据 构件 之间 的 相对 运动 关系, 连杆 机构可分为 平面

Gēnjù gòujiàn zhījiān de xiāngduì yùndòng guānxì, liángǎn jīgòu kě fēn wéi píngmiàn

连杆 机构 和 空间 连杆 机构。

liángǎn jīgòu hé kōngjiān liángǎn jīgòu.

15.台钳 是 钳工 必备 的 工具。

Táiqián shì qiángōng bìbèi de gōngjù.

16.手动 扳手 价格 低，操作 简单。

Shǒudòng bānshǒu jiàgé dī, cāozuò jiǎndān.

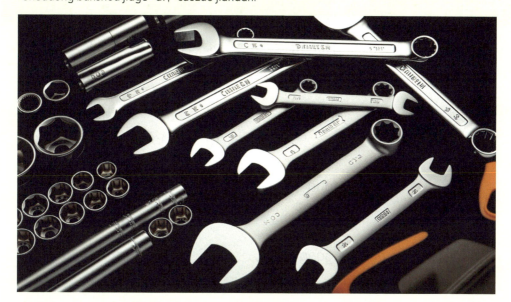

17.机械手 是 一 种 操纵 及 控制 装置， 与 人手 的 功能 相似。

Jīxièshǒu shì yī zhǒng cāozòng jí kòngzhì zhuāngzhì, yǔ rénshǒu de gōngnéng xiāngsì.

18.滚刀、 齿轮 插刀 都 属于 齿轮 加工 刀具。

Gǔndāo, chǐlún chādāo dōu shǔyú chǐlún jiāgōng dāojù.

19.传动 装置 中 的 润滑剂 可以 减小 摩擦力。

Chuándòng zhuāngzhì zhōng de rùnhuájì kěyǐ jiǎnxiǎo mócālì.

20.现代化 的 工程 机械 工具 已经 代替 了 许多 原来 的 工具。

Xiàndàihuà de gōngchéng jīxiè gōngjù yǐjīng dàitì le xǔduō yuánlái de gōngjù.

词语
Words

常用词语	拼音	词性	英语
工程	gōngchéng	*n.*	engineering
机械	jīxiè	*n.*	mechinery
工具	gōngjù	*n.*	tool
机器	jīqì	*n.*	machine
系统	xìtǒng	*n.*	system
制造	zhìzào	*v.*	manufacture
炼钢	liàngāng	*v.*	steel-making
流程	liúchéng	*n.*	process
实现	shíxiàn	*v.*	implement
构件	gòujiàn	*n.*	link
操纵	cāozòng	*v.*	operate

专业词语	拼音	词性	英语
水压机	shuǐyājī	*n.*	hydraulic press
炼钢	liàngāng	*v.*	steel-making
齿轮变速箱	chǐlúnbiànsùxiāng	*n.*	speed-changing gear box
鼓风机	gǔfēngjī	*n.*	blower

（续表）

专业词语	拼音	词性	英语
平面连杆机构	píngmiànliángǎnjīgòu	*n.*	planar linkage
台钳	táiqián	*n.*	vice
扳手	bānshǒu	*n.*	wrench
滚刀	gǔndāo	*n.*	hob
齿轮插刀	chǐlúnchādāo	*n.*	pinion cutter
润滑剂	rùnhuájì	*n.*	lubricant

练一练
Practice

请你简要介绍一款机械的具体用法。

Please briefly introduce the specific usage of a mechanical device.

Construction machinery tools one: what does this machine do?

1. What does this machine do?

2. Is this a hydraulic press?

3. What is this machine?

4. What's the difference between the two machines?

5. How many parts does the hydraulic press consist of ?

6. Iron-making system includes large-sized coke oven, sintering machine, blast furnace, etc.

7. The steel mill has iron-making system, steel-making system and steel-rolling system.

8. The steel-rolling system includes hot strip mill, heavy plate mill, continuous descaling and cold-rolling mill, bar, wire rod bar and shape mill.

9. The company has formed a full-process steel production and manufacturing technology including mining, iron-making, steel-making, rolling and deep processing.

10. Now the steel-making technology of steel mills has been automated.

11. Steel-making system includes converter, electric arc furnace.

12. Speed-changing gear box has a wide range of applications.

13. The blower is a kind of general machinery for auxiliary conveying gas.

14. According to the relative kinematic relation between links, linkage can be divided into planar linkage and spatial linkage.

15. A vice is an essential tool for a fitter.

16. Manual wrench is cheap and easy to operate.

17. Manipulator is an operation control device, similar to the function of the human hand.

18.Hob and pinion cutter belong to gear machining tools.

19.Lubricants in the transmission gear reduce friction.

20.Modern engineering mechanical tools have replaced many of the original tools.

句子

Sentences

1. 注塑机 主要 由 哪些 关键 部件 构成？

Zhùsùjī zhǔyào yóu nǎxiē guānjiàn bùjiàn gòuchéng?

2. 这 台 数控 雕刻机 是 如何 进行 编程 控制 的？

Zhè tái shùkòng diāokèjī shì rúhé jìnxíng biānchéng kòngzhì de?

3. 这 套 清洗 设备 是 如何 确保 产品 表面 清洁 的？

Zhè tào qīngxǐ shèbèi shì rúhé quèbǎo chǎnpǐn biǎomiàn qīngjié de?

4. 我们 的 生产线 集成了 自动 涂装 设备、干燥炉 和 在线 质量

Wǒmen de shēngchǎnxiàn jíchéng le zìdòng túzhuāng shèbèi, gānzàolú hé zàixiàn zhìliàng

检测 系统。

jiǎncè xìtǒng.

5. 我们 的 工厂 已经 实现了 从 铸造 到 精加工 的 完整 生产链。

Wǒmen de gōngchǎng yǐjīng shíxiàn le cóng zhùzào dào jīngjiāgōng de wánzhěng shēngchǎnliàn.

6. 工厂 的 自动化 系统 已经 实现了 从 材料 切割 到 产品 成型 的

Gōngchǎng de zìdònghuà xìtǒng yǐjīng shíxiàn le cóng cáiliào qiēgē dào chǎnpǐn chéngxíng de

全 流程 自动化。

quán liúchéng zìdònghuà.

7. 抛光 设备 主要 用于 提高 产品 表面 的 光洁度 吗？

Pāoguāng shèbèi zhǔyào yòng yú tígāo chǎnpǐn biǎomiàn de guāngjiédù ma?

8.这套 流水线 控制 系统 能 实现 多少 种 不同 的 生产 模式？

Zhè tào liúshuǐxiàn kòngzhì xìtǒng néng shíxiàn duōshǎo zhǒng bùtóng de shēngchǎn móshì?

9.铸造 车间 配备了 熔炼炉、造型机 和 清 砂 设备。

Zhùzào chējiān pèibèi le róngliànlú, zàoxíngjī hé qīng shā shèbèi.

10.焊接 技术 包括 手工 焊接、自动化 焊接 和 机器人 焊接。

Hànjiē jìshù bāokuò shǒugōng hànjiē, zìdònghuà hànjiē hé jīqìrén hànjiē.

11.这些 自动化 测试 设备 是 用于 质量 控制 的 吗？

Zhèxiē zìdònghuà cèshì shèbèi shì yòng yú zhìliàng kòngzhì de ma?

12.这 是 一 台 数控 铣床 吗？

Zhè shì yī tái shùkòng xǐchuáng ma?

13.这个 压力机 是 做 什么 的？

Zhège yālìjī shì zuò shénme de?

14.压力机 由 哪些 主要 部件 组成？

Yālì jī yóu nǎxiē zhǔyào bùjiàn zǔchéng?

15.我们 的 生产线 包括 自动化 机器人、输送带 和 控制 系统。

Wǒmen de shēngchǎnxiàn bāokuò zìdònghuà jīqìrén, shūsòngdài hé kòngzhì xìtǒng.

16.机械 加工 车间 配备了 车床、 铣床 和 磨床。

Jīxiè jiāgōng chējiān pèibèi le chēchuáng, xǐchuáng hé móchuáng.

17.车床 系统 包括 数控 车床、 普通 车床 和 自动 车床。

Chēchuáng xìtǒng bāokuò shùkòng chēchuáng, pǔtōng chēchuáng hé zìdòng chēchuáng.

18.工厂 实现了从 原材料 加工 到 成品 包装 的 自动化 流程。

Gōngchǎng shíxiàn le cóng yuáncáiliào jiāgōng dào chéngpǐn bāozhuāng de zìdònghuà liúchéng.

19.现代 的机械 制造 技术 已经 广泛 应用了 计算机 辅助 设计。

Xiàndài de jīxiè zhìzào jìshù yǐjīng guǎngfàn yìngyòng le jìsuànjī fǔzhù shèjì.

20.焊接 系统 包括 电弧焊机、气体保护焊机 和 激光 焊接 设备。

Hànjiē xìtǒng bāokuò diànhúhànjī,　　qìtǐbǎohùhànjī　hé　jīguāng hànjiē shèbèi.

词语
Words

常用词语	拼音	词性	英语
关键	guānjiàn	*adj.*	key
构成	gòuchéng	*v.*	constitute
部件	bùjiàn	*n.*	component
检测	jiǎncè	*v.*	inspect
变成	biànchéng	*v.*	become
控制	kòngzhì	*v./n.*	control
雕刻	diāokè	*v./n.*	carve; carving
铸造	zhùzào	*v./n.*	cast; casting
切割	qiēgē	*v./n.*	cut; cutting
抛光	pāoguāng	*v./n.*	polish; polishing
焊接	hànjiē	*v./n.*	weld; welding
输送	shūsòng	*v./n.*	weld; welding

专业词语	拼音	词性	英语
注塑机	zhùsùjī	*n.*	injection molding machine
干燥炉	gānzàolú	*n.*	drying oven
流水线	liúshuǐxiàn	*n.*	assembly line

（续表）

专业词语	拼音	词性	英语
熔炼炉	róngliànlú	*n.*	melting furnace
造型机	zàoxíngjī	*n.*	molding machine
压力机	yālìjī	*n.*	press machine
铣床	xǐchuáng	*n.*	milling machine
磨床	móchuáng	*n.*	grinding machine
电弧焊机	diànhúhànjī	*n.*	arc welding machine
气体保护焊机	qìtǐbǎohùhànjī	*n.*	gas shielded welding machine

练一练
Practice

请你介绍一台机器并说说它是做什么用的。

Please introduce a machine and explain what it is used for.

Construction machinery tools two: how does this machine do?

1.What are the main key components of an injection molding machine?

2.How is this computer numerical control engraving machine programmed and controlled?

3.How does this cleaning equipment ensure the cleanliness of the product surface?

4.Our production line integrates automatic painting equipment, drying ovens, and an online quality inspection system.

5.Our factory has achieved a complete production chain from casting to finishing.

6.The factory's automation system has realized the full-process automation from material cutting to product forming.

7.Is polishing equipment mainly used to improve the surface smoothness of products?

8.How many different production modes can this assembly line control system achieve?

9.The casting workshop is equipped with a melting furnace, molding machine and sand cleaning equipment.

10.Welding technology includes manual welding, automated welding, and robotic welding.

11.Are these automated testing devices used for quality control?

12.Is this a computer numerical control milling machine?

13.What is this press machine used for?

14.What are the main components of the press machine?

15.Our production line includes automated robots, conveyor belts and control systems.

16.The machine shop is equipped with lathes, milling machines and grinding machines.

17.The lathe system includes computer numerical control lathes, conventional lathes and automatic lathes.

18.The factory has implemented an automated process from raw material processing to finished product packaging.

19.Modern mechanical manufacturing technology has widely applied computer-aided design.

20.The welding system includes arc welding machines, gas shielded welding machines and laser welding equipment.

机械 维修：设备 故障 时，需要 及时 检查 和维修
Jīxiè wéixiū : shèbèi gùzhàng shí , xūyào jíshí jiǎnchá hé wéixiū

句子
Sentences

1.设备 巡检 的主要 内容 是 什么？

Shèbèi xúnjiǎn de zhǔyào nèiróng shì shénme?

2.设备 故障 有自然 故障 和事故性 故障 两类。

Shèbèi gùzhàng yǒu zìrán gùzhàng hé shìgùxìng gùzhàng liǎnglèi.

3.机械 设备 的大修过程 一般 可分为 修前 准备、修理 过程 和 修后

Jīxiè shèbèi de dà xiū guòchéng yībān kě fēnwéi xiū qián zhǔnbèi, xiūlǐ guòchéng hé xiū hòu

验收 三个阶段。

yànshōu sān gè jiēduàn.

4.设备 检修 清理 时 所 拆卸 的 安全 防护 措施，完工 后 必须 恢复 齐全。

Shèbèi jiǎnxiū qīnglǐ shí suǒ chāixiè de ānquán fánghù cuòshī, wángōng hòu bìxū huīfù qíquán.

5.检修 受压 容器 或 设备 之前 应 先 泄 至 常压。

Jiǎnxiū shòuyā róngqì huò shèbèi zhīqián yīng xiān xiè zhì chángyā.

6.修理 前 应 先 确定 设备 修理 方案。

Xiūlǐ qián yīng xiān quèdìng shèbèi xiūlǐ fāng'àn.

7.相对 运动 零件的摩擦表面 发生 尺寸、 形状 和 表面 质量

Xiāngduì yùndòng língjiàn de mócā biǎomiàn fāshēng chǐcùn、xíngzhuàng hé biǎomiàn zhìliàng

变化 的 现象 称为 磨损。

biànhuà de xiànxiàng chēngwéi mósǔn.

8.零件 磨损 后，在 保证 设备 精度的前提下，以修复为主，尽量

Língjiàn mósǔn hòu, zài bǎozhèng shèbèi jīngdù de qiántí xià, yǐ xiūfù wéi zhǔ, jǐnliàng

减少 更换 新件。

jiǎnshǎo gēnghuàn xīnjiàn.

9.拆卸 步骤 要 根据 机械 设备 的 结构 特点 合理 选择。

Chāixiè bùzhòu yào gēnjù jīxiè shèbèi de jiégòu tèdiǎn hélǐ xuǎnzé.

10.零件 的 清洗 包括 清除 油污、水垢、积碳、锈层、旧 涂层 等。

Língjiàn de qīngxǐ bāokuò qīngchú yóuwū, shuǐgòu, jītàn, xiùcéng, jiù túcéng děng.

11.如果 设备 磨损 严重，需要 及时 更换。

Rúguǒ shèbèi mósǔn yánzhòng, xūyào jíshí gēnghuàn.

12.经常性 的 养护 可以 延缓 设备 老化 速度。

Jīngchángxìng de yǎnghù kěyǐ yánhuǎn shèbèi lǎohuà sùdù.

13.柴油 是 燃油 系统 中 常用 的 一种 燃料。

Cháiyóu shì rányóu xìtǒng zhōng chángyòng de yīzhǒng ránliào.

14.在 启动 设备 之前，需要 进行 检查，确保 设备 状态 良好。

Zài qǐdòng shèbèi zhīqián, xūyào jìnxíng jiǎnchá, quèbǎo shèbèi zhuàngtài liánghǎo.

15. 经常　　更换　燃油 喷嘴 可以 有效 避免 燃油 系统 的 漏油 问题。

Jīngcháng gēnghuàn rányóu pēnzuǐ kěyǐ yǒuxiào bìmiǎn rányóu xìtǒng de lòuyóu wèntí.

16. 燃油　系统 的 堵塞 可能 导致 设备 无法　正常　启动。

Rányóu xìtǒng de dǔsè kěnéng dǎozhì shèbèi wúfǎ zhèngcháng qǐdòng.

17. 喷油器 的 雾化 效果 会　影响　设备 的 燃烧 效率。

Pēnyóuqì de wùhuà xiàoguǒ huì yǐngxiǎng shèbèi de ránshāo xiàolǜ.

18. 使用　扳手 拧紧 螺丝 时，需要 注意 力度，避免 过紧 或 过松。

Shǐyòng bānshǒu nǐngjǐn luósī shí, xūyào zhùyì lìdù, bìmiǎn guòjǐn huò guòsōng.

19. 设备　运行 时 出现　故障，需要 及时 进行 检查 和 维修。

Shèbèi yùnxíng shí chūxiàn gùzhàng, xūyào jíshí jìnxíng jiǎnchá hé wéixiū.

20. 油路 堵塞 可能 导致　设备 失去 动力。

Yóulù dǔsè kěnéng dǎozhì shèbèi shīqù dònglì.

词语
Words

常用词语	拼音	词性	英语
巡检	xúnjiǎn	v.	patrol inspection
检修	jiǎnxiū	v.	maintenance and repair
故障	gùzhàng	n.	malfunction
验收	yànshōu	v.	acceptance inspection
拆卸	chāixiè	v.	disassemble
防护措施	fánghùcuòshī	n.	protective measures
方案	fāng'àn	n.	plan
磨损	mósǔn	n.	wear
精度	jīngdù	n.	precision
水垢	shuǐgòu	n.	scale
积碳	jītàn	n.	carbon deposit
锈层	xiùcéng	n.	rust layer
清洗	qīngxǐ	v./n.	clean; cleaning
养护	yǎnghù	n.	maintenance
柴油	cháiyóu	n.	diesel
扳手	bānshǒu	n.	wrench

专业词语	拼音	词性	英语
喷油器	pēnyóuqì	*n.*	fuel injector
受压容器	shòuyāróngqì	*n.*	pressure vessel
涂层	túcéng	*n.*	coating layer

练一练
Practice

简要介绍机械维修的步骤有哪些。

Briefly introduce what are the steps of mechanical maintenance.

Machinery maintenance: in case of equipment failure, it is necessary to check and repair promptly

1. What is the main content of equipment patrol inspection?

2. There are two types of equipment failure: natural failure and accidental failure.

3. The overhaul process of mechanical equipment can generally be divided into three stages: preparation before repairing, repair process and acceptance after repairing.

4. The safety protection measures dismantled during equipment maintenance and cleaning must be restored after completion.

5. The pressure vessel or equipment shall be released to normal pressure before maintenance.

6. Determine the equipment repair plan before repairing.

7. The phenomenon that the size, shape and surface quality of the friction surface of relative moving parts change is called wear.

8. After the parts are worn, on the premise of ensuring the accuracy of the equipment, repair is the main method, and the replacement of new parts is minimized.

9. The disassembly steps shall be reasonably selected according to the structural characteristics of mechanical equipment.

10. The cleaning of parts includes removing oil dirt, scale, carbon deposit, rust layer, old coating layer, etc.

11. If the equipment is severely worn, it needs to be replaced in a timely manner.

12. Regular maintenance can slow down the aging process of the equipment.

13. Diesel is a commonly used fuel in the fuel system.

14. Before starting the equipment, it is necessary to check and ensure that the

equipment is in good condition.

15. Regularly replacing fuel nozzles can effectively avoid fuel leakage in the fuel system.

16. Blockage in the fuel system may prevent the equipment from starting normally.

17. The atomization effect of the fuel injector will affect the combustion efficiency of the equipment.

18. When using a wrench to tighten screws, it is necessary to pay attention to the strength and avoid overtightening or undertightening.

19. If the equipment fails during operation, it needs to be inspected and repaired in a timely manner.

20. Blockage in the oil circuit may cause the equipment to lose power.

句子

Sentences

1.工程　机械 操作 包括 启动 前、运转 时和 停机 后 三个 阶段。

　Gōngchéng jīxiè cāozuò bāokuò qǐdòng qián, yùnzhuǎn shí hé tíngjī hòu sān gè jiēduàn.

2.工程　机械 设备 要 有 安全 防护 装置。

　Gōngchéng jīxiè shèbèi yào yǒu ānquán fánghù zhuāngzhì.

3.工程　机械 操作 司机 需要 经过 培训 才能 上岗。

　Gōngchéng jīxiè cāozuò sījī xūyào jīngguò péixùn cái néng shànggǎng.

4.工程　机械 操作 人员 应 不断 提高 安全 意识。

　Gōngchéng jīxiè cāozuò rényuán yīng bùduàn tígāo ānquán yìshí.

5.操作 木工 机械 时 不能 戴手套。

　Cāozuò mùgōng jīxiè shí bù néng dài shǒutào.

6.推土机 上下 坡 应当 低速 行驶。

　Tuītǔjī shàngxià pō yīngdāng dīsù xíngshǐ.

7.推土机 原则 上 不 应当 在 坡道 上 拐弯。

　Tuītǔjī yuánzé shàng bù yīngdāng zài pōdào shàng guǎiwān.

8.操作 人员 应当 了解 所有 电动 工具 的 性能 和 主要 结构。

　Cāozuò rényuán yīngdāng liǎojiě suǒyǒu diàndòng gōngjù de xìngnéng hé zhǔyào jiégòu.

9.电动 工具 连续 使用 时间 不宜 过 长，否则 容易 损坏。

　Diàndòng gōngjù liánxù shǐyòng shíjiān bùyí guò cháng, fǒuzé róngyì sǔnhuài.

10.移动　电动　工具 时 必须 握住 工具 的 手柄。

Yídòng diàndòng gōngjù shí　bìxū　wòzhù gōngjù de shǒubǐng.

11.水压机 工作 前 要 检查　充水罐　的 水量 和 压力是否 符合 规定。

Shuǐyājī gōngzuò qián yào jiǎnchá chōngshuǐguàn de shuǐliàng hé　yālì　shìfǒu　fúhé guīdìng.

12.打开 水压机 的 闸阀，先 开 低压阀，后 开 高压阀。

Dǎkāi　shuǐyājī de zháfá, xiān kāi　dīyāfá,　hòu kāi gāoyāfá.

13.水压机 长 时间 停止　工作 时，应　将　水缸 和所有 管路 系统 的 水

Shuǐyājī cháng shíjiān tíngzhǐ gōngzuò shí, yīng jiāng shuǐgāng hé suǒyǒu guǎnlù xìtǒng de shuǐ

放出。

fàngchū.

14.启动　油泵，检查 润滑油 系统 是否　畅通，　油箱　中 液位 是否

Qǐdòng yóubèng, jiǎnchá rùnhuáyóu xìtǒng shìfǒu chàngtōng,　yóuxiāng zhōng yèwèi shìfǒu

正常。

zhèngcháng.

15.机组 运行　正常　后，可以 向 高炉 送风。

Jīzǔ yùnxíng zhèngcháng hòu,　kěyǐ xiàng gāolú sòngfēng.

16.接到 高炉 主控室 可以 停机 的 指令 后，逐渐 开启 放风阀。

　　Jiēdào　gāolú zhǔkòngshì kěyǐ　tíngjī　de zhǐlìng hòu，zhújiàn kāiqǐ fàngfēngfá.

17.台钳 必须 牢固 地 固定 在 钳台 上，　工作 时应　保证　钳身 无

　　Táiqián bìxū　láogù　de gùdìng zài qiántái shàng，gōngzuò shí yīng bǎozhèng qiánshēn wú

松动。

sōngdòng.

18.使用　台钳　装　夹小　工件 时要 防止　钳口　夹伤　手指。

　　Shǐyòng táiqián zhuāng jiā xiǎo gōngjiàn shí yào fángzhǐ qiánkǒu jiāshāng shǒuzhǐ.

19.台钳　夹紧 工件　时只 能 用　手 的 力量 扳紧 手柄，不 允许 锤击

　　Táiqián jiājǐn gōngjiàn shí zhǐ néng yòng shǒu de lìliàng　bānjǐn shǒubǐng，bù yǔnxǔ chuíjī

手柄。

shǒubǐng.

20.松、紧 台钳 时 应 扶住 工件，　防止　工件 跌落　伤 人。

　　Sōng，jǐn táiqián shí yīng fúzhù gōngjiàn，fángzhǐ gōngjiàn diēluò shāng rén.

词语
Words

常用词语	拼音	词性	英语
操作	cāozuò	v./n.	operate; operation
启动	qǐdòng	v.	start
运转	yùnzhuǎn	v.	run
停机	tíngjī	v.	halt
设备	shèbèi	n.	equipment
安全	ānquán	n.	safety
培训	péixùn	n.	training
手套	shǒutào	n.	glove
行驶	xíngshǐ	v.	drive
结构	jiégòu	n.	structure
移动	yídòng	v.	move
压力	yālì	n.	pressure
符合	fúhé	v.	accord with
规定	guīdìng	n.	regulation
指令	zhǐlìng	n.	command
工件	gōngjiàn	n.	workpiece
手指	shǒuzhǐ	n.	finger
锤击	chuíjī	v.	strike
手柄	shǒubǐng	n.	handle
跌落	diēluò	v.	fall

专业词语	拼音	词性	英语
木工	mùgōng	*n.*	woodworking
推土机	tuītǔjī	*n.*	bulldozer
水压机	shuǐyājī	*n.*	hydraulic press machine
充水罐	chōngshuǐguàn	*n.*	water filling tank
闸阀	zháfá	*n.*	gate valve
低压阀	dīyāfá	*n.*	low pressure valve
高压阀	gāoyāfá	*n.*	high pressure valve
水缸	shuǐgāng	*n.*	water jar
管路系统	guǎnlùxìtǒng	*n.*	pipeline system
油泵	yóubèng	*n.*	oil pump
润滑油	rùnhuáyóu	*n.*	lubricating oil
油箱	yóuxiāng	*n.*	tank
液位	yèwèi	*n.*	liquid level
高炉	gāolú	*n.*	blast furnace
放风阀	fàngfēngfá	*n.*	blow valve
钳台	qiántái	*n.*	vice stand

练一练
Practice

请说一说每台设备的组成部分，并介绍一下操作流程。

Please describe the components of each device and introduce the operation process.

Operation of construction machinery: how does this equipment operate?

1. The operation of construction machinery includes three stages: before start up, during operation and after shut down.

2. Construction machinery and equipment must have safety protection devices.

3. Construction machinery operators need to undergo training before they can take up their posts.

4. Construction machinery operators should continuously improve their safety awareness.

5. Do not wear gloves when operating woodworking machinery.

6. Bulldozers should be driven at low speed when going up and down hills.

7. Bulldozers should not turn on slopes.

8. Operators should understand the performance and main structure of all electric tools.

9. Electric tools should not be used continuously for too long, otherwise they are prone to damage.

10. When moving electric tools, it is necessary to hold the handle of the tool.

11. Before the hydraulic press starts working, it is necessary to check whether the water volume and pressure of the filling tank meet the regulations.

12. Open the gate valve of the hydraulic press, first open the low pressure valve, and then open the high pressure valve.

13. When the water pressure stops working for a long time, the water in the water tank and all pipeline systems should be drained.

14. Start the oil pump and check if the lubricating oil system is unobstructed and if the liquid level in the oil tank is normal.

15. After the unit operates normally, it can supply air to the blast furnace.

16. After receiving the instruction to shut down the blast furnace control room, gradually open the vent valve.

17. The vise must be firmly fixed on the vise table, and the vise body should be ensured not to loosen during operation.

18. When using pliers to clamp small workpieces, it is important to prevent finger injuries from the jaws.

19. When clamping the workpiece with a vise, only the handle can be tightened by hand, and striking the handle is not allowed.

20. When loosening or tightening the vise, hold the workpiece to prevent it from falling and injuring people.

句子

Sentences

1. 我 是 河钢 集团 石钢 公司 的 代表。

   Wǒ shì Hégāng jítuán Shígāng gōngsī de dàibiǎo.

2. 展出 的 大 部分 都 是 我们 的 产品。

   Zhǎnchū de dà bùfen dōu shì wǒmen de chǎnpǐn.

3. 这 是 我们 的 优势 产品 —— 热轧 卷板。

   Zhè shì wǒmen de yōushì chǎnpǐn — rèzhá juǎnbǎn.

4. 公司 主要 生产 哪些 产品？它们 主要 应用 于哪些 方面 呢？

   Gōngsī zhǔyào shēngchǎn nǎxiē chǎnpǐn? Tāmen zhǔyào yìngyòng yú nǎxiē fāngmiàn ne?

5. 热轧 卷板 应用 于 船舶、汽车、 桥梁、建筑、机械、压力 容器 等 方面。

   Rèzhá juǎnbǎn yìngyòng yú chuánbó, qìchē, qiáoliáng, jiànzhù, jīxiè, yālì róngqì děng fāngmiàn.

6. 我们 公司 的 产品 种类 丰富，在 国 内外 都 很 受 欢迎。

   Wǒmen gōngsī de chǎnpǐn zhǒnglèi fēngfù, zài guó nèiwài dōu hěn shòu huānyíng.

7. 这 件 产品 的 主要 优势 有 哪些？

   Zhè jiàn chǎnpǐn de zhǔyào yōushì yǒu nǎxiē?

8. 热轧 卷板 是 加热 后 由 粗轧机组 及 精轧机组 制成 的 带钢。

   Rèzhá juǎnbǎn shì jiārè hòu yóu cūzhájīzǔ jí jīngzhájīzǔ zhìchéng de dàigāng.

9. 含 钛 特色 热轧 卷板 具有 清洁 强度 高、塑性 好 和 表面 质量 高 的 优势。

   Hán tài tèsè rèzhá juǎnbǎn jùyǒu qīngjié qiángdù gāo, sùxìng hǎo hé biǎomiàn zhìliàng gāo de yōushì.

10.这些 产品 都很 好。

Zhèxiē chǎnpǐn dōu hěn hǎo.

11.买 这个 的 客户 多 吗？

Mǎi zhège de kèhù duō ma?

12.我们 生产 的产品 的特点是 实用、创新、 强度 和 硬度 高、塑韧性

Wǒmen shēngchǎn de chǎnpǐn de tèdiǎn shì shíyòng, chuàngxīn, qiángdù hé yìngdù gāo, sùrènxìng

好。

hǎo.

13.我们 一直 致力 于 开拓 新 市场， 并且 与很多 客户 建立 了 长期

Wǒmen yīzhí zhìlì yú kāituò xīn shìchǎng, bìngqiě yǔ hěnduō kèhù jiànlì le chángqī

稳定 的 合作 关系。

wěndìng de hézuò guānxì.

14.质量 第一，用户 至上。

Zhìliàng dì-yī, yònghù zhìshàng.

15.你们 的 销售 市场 主要 有 哪些 地区？

Nǐmen de xiāoshòu shìchǎng zhǔyào yǒu nǎxiē dìqū?

16. 有 任何 问题，可以 随时 与 我 联系。

Yǒu rènhé wèntí , kěyǐ suíshí yǔ wǒ liánxì.

17. 该 产品 一 年 就 可以 收回 成本。

Gāi chǎnpǐn yī nián jiù kěyǐ shōuhuí chéngběn.

18. 您 参观 过 展览厅 吗？

Nín cānguān guò zhǎnlǎntīng ma?

19. 这 是 什么？

Zhè shì shénme?

20. 展览厅 都 有 什么？

Zhǎnlǎntīng dōu yǒu shénme?

词语
Words

常用词语	拼音	词性	英语
代表	dàibiǎo	*n.*	representative
优势	yōushì	*n.*	advantage
应用	yìngyòng	*v.*	apply
实用	shíyòng	*adj.*	practical
销售	xiāoshòu	*v.*	sale
市场	shìchǎng	*n.*	market
任何	rènhé	*adj.*	any
联系	liánxì	*v.*	contact
展览厅	zhǎnlǎntīng	*n.*	exhibition hall
什么	shénme	*pron.*	what
成本	chéngběn	*n.*	cost
参观	cānguān	*v.*	visit

专业词语	拼音	词性	英语
热轧卷板	rèzhájuǎnbǎn	*n.*	hot rolled coil
塑性	sùxìng	*n.*	plasticity
粗轧机组	cūzhájīzǔ	*n.*	roughing mill train
精轧机组	jīngzhájīzǔ	*n.*	finishing mill train
带钢	dàigāng	*n.*	band steel

练一练
Practice

情景模拟：请向你的同伴推荐一款工程机械产品。

Scenario simulation: please recommend a construction machinery product to your companion.

Engineering machinery products: this is our advantage product

1. I am the representative of Shigang Company of Hebei Iron and Steel Group.

2. Most of the exhibits are our products.

3. This is our advantage product — hot rolled coil.

4. What products does the company mainly produce? What are its main applications?

5. Hot rolled coils are applied in various fields such as ships, automobiles, bridges, construction, machinery, pressure vessels, etc.

6. Our company has a wide variety of products that are popular both domestically and internationally.

7. What are the main advantages of this product?

8. Hot rolled coil is band steel produced by roughing mill train and finishing mill train after heating.

9. Hot rolled coils containing titanium have the advantages of cleanliness, high strength, good plasticity and high surface quality.

10. These products are all very good.

11. Are there many customers who buy this?

12. The characteristics of the products we produce are practicality, innovation, high hardness and good plasticity.

13. We have been committed to exploring new markets and have established long-term stable cooperative relationships with many customers.

14. Quality first, customer foremost.

15. What are the main regions in your sales market?

16. If you have any questions, feel free to contact me at any time.

17. This product can recover its cost within one year.

18. Have you ever visited an exhibition hall?

19. What is this?

20. What are in the exhibition hall?

第十二课

工程 机械 材料：增加 钢铁 的 碳含量 可以 提高
Gōngchéng jīxiè cáiliào: zēngjiā gāngtiě de tànhánliàng kěyǐ tígāo
其 硬度
qí yìngdù

句子

Sentences

1. 当 钢材 的 碳含量 超过 百分之二，它 就 被 称为 高碳钢。

   Dāng gāngcái de tànhánliàng chāoguò bǎifēnzhī'èr, tā jiù bèi chēngwéi gāotàngāng.

2. 铁矿石 是 钢铁 制造 的 基本 原料 之 一。

   Tiěkuàngshí shì gāngtiě zhìzào de jīběn yuánliào zhī yī.

3. 冷轧 和 热轧 是 生产 钢材 的 两种 常见 方法。

   Lěngzhá hé rèzhá shì shēngchǎn gāngcái de liǎngzhǒng chángjiàn fāngfǎ.

4. 通过 添加 不同 的 元素，可以 制造 出 多种 不同 种类 的 合金钢。

   Tōngguò tiānjiā bùtóng de yuánsù, kěyǐ zhìzào chū duōzhǒng bùtóng zhǒnglèi de héjīngāng.

5. 钢 的 高强度 和 耐久性 使其 成为 建筑、汽车、桥梁 等许多 行业

   Gāng de gāoqiángdù hé nàijiǔxìng shǐ qí chéngwéi jiànzhù, qìchē, qiáoliáng děng xǔduō hángyè

   的 理想 材料。

   de lǐxiǎng cáiliào.

6. 在 高炉 中，熔融铁 和 熔融矿物 混合，形成 熔化 的 金属。

   Zài gāolú zhōng, róngróngtiě hé róngróngkuàngwù hùnhé, xíngchéng rónghuà de jīnshǔ.

7. 除了 碳，添加 其他 元素，如 钴、铬、镍、钨 等，也 可以 改善 钢 的

   Chúle tàn, tiānjiā qítā yuánsù, rú gǔ, gè, niè, wū děng, yě kěyǐ gǎishàn gāng de

   特性。

   tèxìng.

8.钢材 的 耐腐蚀性 取决 于 其 合金 成分 和 表面 涂层 的 类型 与 质量。

Gāngcái de nàifǔshíxìng qǔjué yú qí héjīn chéngfèn hé biǎomiàn túcéng de lèixíng yǔ zhìliàng.

9.当 钢铁厂 加工 钢材 时，需要 采用 高温 熔炼、淬火 等 加工

Dāng gāngtiěchǎng jiāgōng gāngcái shí, xūyào cǎiyòng gāowēn róngliàn, cuìhuǒ děng jiāgōng

方式。

fāngshì.

10.铁 和 钢材 是 一种 优质 的 建筑 材料，因其 强度 和 耐久性 而 广泛

Tiě hé gāngcái shì yī zhǒng yōuzhì de jiànzhù cáiliào, yīn qí qiángdù hé nàijiǔxìng ér guǎngfàn

用 于 建筑业。

yòng yú jiànzhùyè.

11.钢铁 生产 通常 需要 大量 的 原料 供应，包括 煤炭、铁矿石 等。

Gāngtiě shēngchǎn tōngcháng xūyào dàliàng de yuánliào gōngyìng, bāokuò méitàn, tiě kuàngshí děng.

12.耐磨损 和 耐腐蚀 是 钢铁 材料 的 主要 特点， 这 使得 它们 非常 适合

Nàimósǔn hé nàifǔshí shì gāngtiě cáiliào de zhǔyào tèdiǎn, zhè shǐde tāmen fēicháng shìhé

制造 海洋 设备。

zhìzào hǎiyáng shèbèi.

13. 锻造　是一种　传统　的钢铁　加工方式，它可将　钢材　锤打　成

Duànzào shì yī zhǒng chuántǒng de gāngtiě jiāgōng fāngshì, tā kě jiāng gāngcái chuídǎ chéng

所需的　形状。

suǒxū de xíngzhuàng.

14. 钢铁　是一种　常见　的金属材料。

Gāngtiě shì yī zhǒng chángjiàn de jīnshǔ cáiliào.

15. 在钢铁　工业　中，淬火是一种　常见　的热处理方法。

Zài gāngtiě gōngyè zhōng, cuìhuǒ shì yī zhǒng chángjiàn de rèchǔlǐ fāngfǎ.

16. 增加　钢铁的　碳含量可以提高其硬度。

Zēngjiā gāngtiě de tànhánliàng kěyǐ tígāo qí yìngdù.

17. 钢铁　可以通过　锻造、轧制和拉伸等　方法加工　成　所需　形状。

Gāngtiě kěyǐ tōngguò duànzào, zházhì hé lāshēn děng fāngfǎ jiāgōng chéng suǒxū xíngzhuàng.

18. 机械　工程　材料和高分子材料在钢铁　制造　中也有　广泛　应用。

Jīxiè gōngchéng cáiliào hé gāofēnzǐ cáiliào zài gāngtiě zhìzào zhōng yě yǒu guǎngfàn yìngyòng.

19. 为了保持设备的　正常　运转，我们需要进行定期维护。

Wèile bǎochí shèbèi de zhèngcháng yùnzhuǎn, wǒmen xūyào jìnxíng dìngqī wéihù.

20. 碳含量　是决定钢材　性能的　重要因素。

Tànhánliàng shì juédìng gāngcái xìngnéng de zhòngyào yīnsù.

词语
Words

常用词语	拼音	词性	英语
元素	yuánsù	*n.*	element
耐久	nàijiǔ	*adj.*	durable
建筑	jiànzhù	*n.*	architecture
理想材料	lǐxiǎngcáiliào	*n.*	ideal material
金属	jīnshǔ	*n.*	metal
类型	lèixíng	*n.*	type
钢铁厂	gāngtiěchǎng	*n.*	steel plant
钢材	gāngcái	*n.*	steel products
熔化	rónghuà	*v.*	melt
锤打	chuídǎ	*v.*	hammer
定期维护	dìngqīwéihù	*v.*	regular maintenance

专业词语	拼音	词性	英语
高碳钢	gāotàngāng	*n.*	high carbon steel
铁矿石	tiěkuàngshí	*n.*	iron ore
合金钢	héjīngāng	*n.*	alloy steel
强度	qiángdù	*n.*	strength
煤炭	méitàn	*n.*	coal
熔融铁	róngróngtiě	*n.*	molten iron
碳含量	tànhánliàng	*n.*	carbon content
锻造	duànzào	*v.*	forging

（续表）

专业词语	拼音	词性	英语
性能	xìngnéng	*n.*	performance

练一练
Practice

请说一说钢铁加工的常见方法。

Please describe the common methods of steel processing.

Mechanical engineering materials: increasing the carbon content of steel can improve its hardness

1. When the carbon content of steel exceeds 2%, it is called high carbon steel.

2. Iron ore is one of the basic raw materials for steel manufacturing.

3. Cold rolling and hot rolling are two common methods for producing steel.

4. By adding different elements, various types of alloy steels can be manufactured.

5. The high strength and durability of steel make it an ideal material for many industries such as construction, automobiles and bridges.

6. In a blast furnace, molten iron and molten minerals mix to form molten metal.

7. Besides carbon, adding other elements such as cobalt, chromium, nickel, tungsten, etc. can also improve the properties of steel.

8. The corrosion resistance of steel depends on its alloy composition and the type and quality of surface coating.

9. When steel plants process steel, they need to use high-temperature melting, quenching and other processing methods.

10. Iron and steel are high-quality building materials widely used in the construction industry due to their strength and durability.

11. Steel production usually requires a large supply of raw materials, including coal, iron ore, etc.

12. Wear resistance and corrosion resistance are the main characteristics of steel materials, which makes them very suitable for manufacturing marine equipment.

13. Forging is a traditional steel processing method that can hammer steel into the desired shape.

14. Steel is a common metallic material.

15.In the steel industry, quenching is a common heat treatment method.

16.Increasing the carbon content of steel can improve its hardness.

17.Steel can be processed into the desired shape through methods such as forging, rolling and stretching.

18.Mechanical engineering materials and polymer materials are also widely used in steel manufacturing.

19.In order to maintain the normal operation of the equipment, we need to carry out regular maintenance.

20.Carbon content is an important factor determining the properties of steel.

句子

Sentences

1.我 想 了解 一下 贵公司 的 这个 钢丝 软轴。

　　Wǒ xiǎng liǎojiě yīxià guìgōngsī de zhège gāngsī ruǎnzhóu.

2.我们 需要 购进 一 批 调速 电动机。

　　Wǒmen xūyào gòujìn yī pī tiáosù diàndòngjī.

3.这个 产品 具有 转速 高、噪音 小、耐腐蚀、耐高温、使用 寿命 长

　　Zhège chǎnpǐn jùyǒu zhuànsù gāo，zàoyīn xiǎo，nàifǔshí，nàigāowēn，shǐyòng shòumìng cháng

　　等 优点。

　　děng yōudiǎn.

4.我们 产品 的 性价比 很 好。

　　Wǒmen chǎnpǐn de xìngjiàbǐ hěn hǎo.

5.这 批 螺旋锥齿轮 的 价格 很 合适，既 可以 给 经销商 一定 返利，也

　　Zhè pī luóxuánzhuīchǐlún de jiàgé hěn héshì， jì kěyǐ gěi jīngxiāoshāng yīdìng fǎnlì， yě

　　有 足够 的 盈利 空间。

　　yǒu zúgòu de yínglì kōngjiān.

6.因为 现在 库房 的 库存 不足，所以 急需 补货。

　　Yīnwèi xiànzài kùfáng de kùcún bùzú， suǒyǐ jíxū bǔhuò.

7.我们 的产品 在 质量 上 是 合格 的。

　　Wǒmen de chǎnpǐn zài zhìliàng shàng shì hégé de.

8.贵公司 也算 是 我们 的 老客户 了，自然 可以 便宜 一点儿。

Guìgōngsī yě suàn shì wǒmen de lǎokèhù le, zìrán kěyǐ piányi yīdiǎnr.

9.虽然 有点儿 贵，但是 还是 必须 买！

Suīrán yǒudiǎnr guì, dànshì háishì bìxū mǎi!

10.王总 果然 豪爽， 希望 今后 也 合作 愉快！

Wángzǒng guǒrán háoshuǎng, xīwàng jīnhòu yě hézuò yúkuài!

11.这 台 播种机 多少 钱？

Zhè tái bōzhǒngjī duōshǎo qián?

12.你 是 要 买 拖拉机 还是 内燃机？

Nǐ shì yào mǎi tuōlājī háishì nèiránjī?

13.我 想 再买 一 台 电机。

Wǒ xiǎng zài mǎi yī tái diànjī.

14.我 不 买 发电机。

Wǒ bù mǎi fādiànjī.

15.这 是 我们 最 新款 的 电机。

 Zhè shì wǒmen zuì xīnkuǎn de diànjī.

16.这 台 发电机 多少 钱？

 Zhè tái fādiànjī duōshǎo qián?

17.这 台 割草机 很 便宜。

 Zhè tái gēcǎojī hěn piányi.

18.你 买 哪个 型号 的 割草机？

 Nǐ mǎi nǎge xínghào de gēcǎojī?

19.这 台 割草机 可以 送货 到 你 家里。

 Zhè tái gēcǎojī kěyǐ sònghuò dào nǐ jiāli.

20.这 台 割草机 一千 二百 九十 元。

 Zhè tái gēcǎojī yìqiān èrbǎi jiǔshí yuán.

词语
Words

常用词语	拼音	词性	英语
贵公司	guìgōngsī	n.	your company
购进	gòujìn	v.	purchase
转速	zhuànsù	v.	rotational speed
噪音	zàoyīn	n.	noise
耐	nài	v.	resistance to
腐蚀	fǔshí	v.	corrosion
寿命	shòumìng	n.	life span
价格	jiàgé	n.	price
返利	fǎnlì	v.	rebate
盈利	yínglì	n.	profit
库存	kùcún	n.	inventory
豪爽	háoshuǎng	adj.	forthright
新款	xīnkuǎn	n.	new style

专业词语	拼音	词性	英语
钢丝软轴	gāngsīruǎnzhóu	n.	steel wire flexible shaft
调速电动机	tiáosùdiàndòngjī	n.	adjustable speed motor
螺旋锥齿轮	luóxuánzhuīchǐlún	n.	helical bevel gear
经销商	jīngxiāoshāng	n.	dealer
拖拉机	tuōlājī	n.	tractor
内燃机	nèiránjī	n.	internal combustion engine
割草机	gēcǎojī	n.	lawn mower
播种机	bōzhǒngjī	n.	seeder

练一练
Practice

分角色扮演买家和卖家，购入或出售一件机械产品。

Role play as buyer and seller, purchasing or selling a mechanical product.

Sales of products: our products have a good cost performance ratio

1. I would like to know about your company's steel wire flexible shaft.

2. We need to purchase a batch of adjustable speed motors.

3. This product has the advantages of high speed, low noise, corrosion resistance, high temperature resistance and long service life span.

4. Our products have a good cost performance ratio.

5. The price of this batch of helical bevel gears is very reasonable, which can provide dealers with a certain rebate and sufficient profit margin.

6. Due to insufficient inventory in the warehouse, there is an urgent need for replenishment.

7. Our products are qualified in terms of quality.

8. Your company can also be considered as our old customer, so you can naturally get a little cheaper.

9. Although it's a bit expensive, I still have to buy it!

10. Mr. Wang is indeed generous, and I hope to have a pleasant cooperation in the future!

11. How much does this seeder cost?

12. Do you want to buy a tractor or an internal combustion engine?

13. I want to buy another motor.

14. I don't buy a generator.

15. This is our latest motor.

16. How much does this generator cost?

17. This lawn mower is very cheap.

18. Which model of lawn mower do you want to buy?

19. This lawn mower can be delivered to your home.

20. This lawn mower costs 1290 yuan.

第十四课

工程　产品 采购：工程 产品 采购 流程 是
Gōngchéng chǎnpǐn　cǎigòu: gōngchéng chǎnpǐn　cǎigòu liúchéng shì
什么？
shénme?

句子
Sentences

1. 由　产品　使用 部门 结合 库存　情况　提出 采购 需求。

   Yóu chǎnpǐn shǐyòng bùmén jiéhé kùcún qíngkuàng tíchū cǎigòu xūqiú.

2. 产品　采购单 按照 要求 填写 完整、　清晰，由 公司 领导　批准 后 报

   Chǎnpǐn cǎigòudān ànzhào yāoqiú tiánxiě wánzhěn,　qīngxī, yóu gōngsī lǐngdǎo pīzhǔn hòu bào

   采购 部门。

   cǎigòu bùmén.

3. 由　使用 部门、技术 部门、财务 部门　等　人员　共同　　组成　项目

   Yóu shǐyòng bùmén, jìshù　bùmén, cáiwù bùmén děng rényuán gòngtóng zǔchéng xiàngmù

   采购 小组。

   cǎigòu xiǎozǔ.

4.实行 比价 采购 制度，产品 采购 要 货比三家，确保 所 采购 的 产品

Shíxíng bǐjià cǎigòu zhìdù, chǎnpǐn cǎigòu yào huòbǐsānjiā, quèbǎo suǒ cǎigòu de chǎnpǐng

价格 低、质量 好。

jiàgé dī, zhìliàng hǎo.

5.实行 采购 质量 责任制，采购 人员 对 所 采购 的 产品 的 质量 负

Shíxíng cǎigòu zhìliàng zérènzhì, cǎigòu rényuán duì suǒ cǎigòu de chǎnpǐn de zhìliàng fù

全面 责任。

quánmiàn zérèn.

6.如 因 失职 而 采购 伪劣 产品，采购 人员 负 经济 责任，禁止 采购 人员

Rú yīn shīzhí ér cǎigòu wěiliè chǎnpǐn, cǎigòu rényuán fù jīngjì zérèn, jìnzhǐ cǎigòu rényuán

收 回扣。

shōu huíkòu.

7.产品 采购 完成 后，采购 人员 必须 严格 按照 要求 办理 产品 入库

Chǎnpǐn cǎigòu wánchéng hòu, cǎigòu rényuán bìxū yángé ànzhào yāoqiú bànlǐ chǎnpǐn rùkù

手续。

shǒuxù.

8.产品 入厂，由 库房 人员 办理 入库 手续，打印 电子 入库单，入库 信息

Chǎnpǐn rùchǎng, yóu kùfáng rényuán bànlǐ rùkù shǒuxù, dǎyìn diànzǐ rùkùdān, rùkù xìnxī

录入 电脑。

lùrù diànnǎo.

9.采购 人员 要 认真 填写 采购 产品 发票 入账单，详细 填写 所购

Cǎigòu rényuán yào rènzhēn tiánxiě cǎigòu chǎnpǐn fāpiào rùzhàngdān, xiángxì tiánxiě suǒgòu

产品 名称、 数量、金额、购货 单位 等。

chǎnpǐn míngchēng, shùliàng, jīn'é, gòuhuò dānwèi děng.

10.产品 采购 一律 由 采购 人员 办理 发票 入账 手续 后，方 可 申请

Chǎnpǐn cǎigòu yīlǜ yóu cǎigòu rényuán bànlǐ fāpiào rùzhàng shǒuxù hòu，fāng kě shēnqǐng

支付 账单。

zhīfù zhàngdān.

11.采购 部门 负责 预选 供应商 并 对 供应商 进行 评估 和 考核。

Cǎigòu bùmén fùzé yùxuǎn gōngyìngshāng bìng duì gōngyìngshāng jìnxíng pínggū hé kǎohé.

12.采购 部门 将 供应商 的 评估 和考核 结果 整理 后 呈报 公司

Cǎigòu bùmén jiāng gōngyìngshāng de pínggū hé kǎohé jiéguǒ zhěnglǐ hòu chéngbào gōngsī

领导 批准。

lǐngdǎo pīzhǔn.

13.产品 检验员 对 供应商 提供 的 产品 质量 进行 统计，对 连续

Chǎnpǐn jiǎnyànyuán duì gōngyìngshāng tígōng de chǎnpǐn zhìliàng jìnxíng tǒngjì，duì liánxù

三 批 检验 不合格 的 供应商 通知 整改。

sān pī jiǎnyàn bù hégé de gōngyìngshāng tōngzhī zhěnggǎi.

14.对　供应商　进行 月 评估 和 年度 考核。

Duì gōngyìngshāng jìnxíng yuè pínggū hé niándù kǎohé.

15.公司　经营　生产　的 物资、劳务、　工程 及 其他 项目 由　生产

Gōngsī jīngyíng shēngchǎn de wùzī,　láowù,　gōngchéng jí qítā xiàngmù yóu shēngchǎn

部门 提报。

bùmén tíbào.

16.如 涉及 技术 问题 及 公司 机密，注意 保密 责任。

Rú shèjí jìshù wèntí jí gōngsī jīmì,　zhùyì bǎomì zérèn.

17.定　合同　条款 时，一定 要 将 各种　风险　降 到 最低。

Dìng hétóng tiáokuǎn shí,　yīdìng yào jiāng gèzhǒng fēngxiǎn jiàng dào zuìdī.

18.已 签订 的 合同 由 采购 部门 负责人 跟进 并 进行　监督，如 出现 问题，

Yǐ qiāndìng de hétóng yóu cǎigòu bùmén fùzérén gēnjìn bìng jìnxíng jiāndū,　rú chūxiàn wèntí,

应 及时 提出 建议 并 通知 公司　领导。

yīng jíshí tíchū jiànyì bìng tōngzhī gōngsī lǐngdǎo.

19.供应商　已经 履行 完毕 的 合同，采购 部门　应该 及时 通知 质检

Gōngyìngshāng yǐjīng lǚxíng wánbì de hétóng,　cǎigòu bùmén yīnggāi jíshí tōngzhī zhìjiǎn

部门 进行 验收。

bùmén jìnxíng yànshōu.

20.采购 部门 应 按 质量 准确 采购 各 工序 所需的 工程　材料 和

Cǎigòu bùmén yīng àn zhìliàng zhǔnquè cǎigòu gè gōngxù suǒxū de gōngchéng cáiliào hé

设备

shèbèi.

词语
Words

常用词语	拼音	词性	英语
采购	cǎigòu	*v.*	purchase
批准	pīzhǔn	*v.*	approve
手续	shǒuxù	*n.*	formalities
入库	rùkù	*v.*	be put in storage
履行	lǚxíng	*v.*	fulfill
评估	pínggū	*v.*	evaluate
监督	jiāndū	*v.*	supervise

专业词语	拼音	词性	英语
比价	bǐjià	*v.*	comparing prices
伪劣产品	wěilièchǎnpǐn	*n.*	fake and inferior products
回扣	huíkòu	*n.*	kickback
供应商	gōngyìngshāng	*n.*	supplier
提报	tíbào	*v.*	submit

练一练
Practice

请你说说工程产品采购流程是什么。

Please tell me what the procurement process of engineering products is.

Engineering product procurement: what is the engineering product procurement process?

1. The product usage department shall propose procurement requirements based on inventory conditions.

2. The product purchase order should be filled out completely and clearly according to the requirements, approved by the company leader, and then submitted to the procurement department.

3. A project procurement team should be formed jointly by personnel from the usage department, technical department, finance department, etc.

4. Implement a price comparison procurement system, and compare prices from at least three suppliers to ensure low price and good quality for the products being procured.

5. Implement a procurement quality responsibility system, where procurement personnel are fully responsible for the quality of the products they procure.

6. If fake and inferior products are procured due to negligence, the procurement personnel bear the financial responsibility and are prohibited from accepting kickbacks.

7. After completing the product procurement, procurement personnel must strictly follow the requirements to handle product warehousing procedures.

8. Upon the arrival of products, warehouse personnel shall handle warehousing procedures, print electronic warehousing documents, and enter warehousing information into the computer.

9. Procurement personnel must carefully fill out purchase invoice entry vouchers, detailing the names, quantities, amounts, and supplier information of the purchased products.

10. Invoice entry procedures must be completed by procurement personnel before payment for product procurement can be applied for.

11. The procurement department is responsible for pre-selecting suppliers and conducting evaluations and assessments of these suppliers.

12. The procurement department shall compile the supplier evaluation and assessment results and submit them to the company leader for approval.

13. Product inspectors shall conduct quality statistics on products provided by suppliers, and notify suppliers with three consecutive batches of failed inspections for rectification.

14. Conduct monthly evaluations and annual assessments of suppliers.

15. The production department shall submit requests for materials, labor, engineering and other projects required for the company's operational production.

16. Attention should be paid to confidentiality responsibilities when involving technical issues and company secrets.

17. When formulating contract terms, ensure that all risks are minimized.

18. The procurement department head should follow up and supervise signed contracts, and promptly propose suggestions and notify the company leader if any issues arise.

19. Once a supplier has fulfilled its contractual obligations, the procurement department should promptly notify the quality inspection department for acceptance.

20. The procurement department should accurately procure engineering materials and equipment required for each process based on quality standards.

工程　产品 验收: 完成　工程　产品　验收,
Gōngchéng chǎnpǐn yànshōu: wánchéng gōngchéng chǎnpǐn yànshōu,

汇报 验收 结果
huìbào yànshōu jiéguǒ

句子
Sentences

1.感谢 贵公司 选择 我们 的 工程　产品。

　　Gǎnxiè guìgōngsī xuǎnzé wǒmen de gōngchéng chǎnpǐn.

2.采购部 对 产品 进行 了 严格 的 验收。

　　Cǎigòubù duì chǎnpǐn jìnxíng le yángé de yànshōu.

3.向　您 汇报 我们 的 验收 结果。

　　Xiàng nín huìbào wǒmen de yànshōu jiéguǒ.

4.下面 是 验收 报告 的 详细 内容。

　　Xiàmiàn shì yànshōu bàogào de xiángxì nèiróng.

5.本次 验收 的 产品　名称　是 什么?

　　Běncì yànshōu de chǎnpǐn míngchēng shì shénme?

6.生产　　厂家 是 谁?

Shēngchǎn chǎngjiā shì shuí?

7.产品 的规格 型号 是 什么?

Chǎnpǐn de guīgé xínghào shì shénme?

8.我们 对 产品 进行 了 外观 检查。

Wǒmen duì chǎnpǐn jìnxíng le wàiguān jiǎnchá.

9.我们 确认 该 产品 外观 完好，没有 明显 的 损伤 或 质量 问题。

Wǒmen quèrèn gāi chǎnpǐn wàiguān wánhǎo, méiyǒu míngxiǎn de sǔnshāng huò zhìliàng wèntí.

10.我们 对 产品 进行 了 功能 测试。

Wǒmen duì chǎnpǐn jìnxíng le gōngnéng cèshì.

11.该 产品的 各项 指标 均 符合 相关　标准。

Gāi chǎnpǐn de gè xiàng zhǐbiāo jūn fúhé xiāngguān biāozhǔn.

12.我们 对 产品 进行 了 安全性 测试。

Wǒmen duì chǎnpǐn jìnxíng le ānquánxìng cèshì.

13. 该 产品 在 使用 过程 中 不会 对 人员 和 设备 造成 危害。

Gāi chǎnpǐn zài shǐyòng guòchéng zhōng bù huì duì rényuán hé shèbèi zàochéng wēihài.

14. 我们 对 产品 进行 了 可靠性 测试。

Wǒmen duì chǎnpǐn jìnxíng le kěkàoxìng cèshì.

15. 该 产品 在 正常 使用 条件 下 能 长期 稳定 运行。

Gāi chǎnpǐn zài zhèngcháng shǐyòng tiáojiàn xià néng chángqī wěndìng yùnxíng.

16. 我们 确认 该 产品 符合 要求。

Wǒmen quèrèn gāi chǎnpǐn fúhé yāoqiú.

17. 建议 您 通过 验收 并 接收 该 产品。

Jiànyì nín tōngguò yànshōu bìng jiēshōu gāi chǎnpǐn.

18. 如果 您 对 测试 过程 或 测试 结果 有 任何 疑问 或 建议，请 随时 与

Rúguǒ nín duì cèshì guòchéng huò cèshì jiéguǒ yǒu rènhé yíwèn huò jiànyì, qǐng suíshí yǔ

我们 联系。

wǒmen liánxì.

19. 感谢 您 选择 我们 的 产品。

Gǎnxiè nín xuǎnzé wǒmen de chǎnpǐn.

20. 很 高兴 为 您 服务。

Hěn gāoxìng wèi nín fúwù.

词语
Words

常用词语	拼音	词性	英语
损伤	sǔnshāng	*n.*	damage
功能	gōngnéng	*n.*	function
测试	cèshì	*n.*	test
符合	fúhé	*v.*	conform to
安全性	ānquánxìng	*n.*	safety
可靠性	kěkàoxìng	*n.*	reliability
稳定	wěndìng	*adv.*	stably
运行	yùnxíng	*v.*	operate

专业词语	拼音	词性	英语
汇报	huìbào	*v.*	report
验收	yànshōu	*n.*	acceptance
规格	guīgé	*n.*	specification
型号	xínghào	*n.*	model
指标	zhǐbiāo	*n.*	indicator

练一练
Practice

请你汇报一下工程产品的验收结果。

Please report the acceptance results of the engineering products.

Engineering product acceptance: completion of engineering product inspection and reporting of inspection results

1. Thank you for choosing our engineering products.

2. The purchasing department has conducted a rigorous inspection of the products.

3. We are reporting to you our inspection results.

4. Below are the detailed contents of the inspection report.

5. What is the name of the product being inspected this time?

6. Who is the manufacturer?

7. What are the specification and model of the product?

8. We have conducted a visual inspection of the product.

9. We confirm that the product has a good appearance with no apparent damage or quality issues.

10. We have performed functional testing on the product.

11. All indicators of the product meet the relevant standards.

12. We have conducted safety testing on the product.

13. The product poses no harm to personnel or equipment during use.

14. We have conducted reliability testing on the product.

15. The product can operate stably for a long time under normal use conditions.

16. We confirm that the product meets the requirements.

17. We recommend that you pass the inspection and accept the product.

18. If you have any questions or suggestions regarding the testing process or results, please feel free to contact us.

19. Thank you for choosing our products.

20. It's our pleasure to serve you.

招聘 与 应聘：你 有 这个 岗位 的 从业
Zhāopìn yǔ yìngpìn: nǐ yǒu zhège gǎngwèi de cóngyè
经验 吗?
jīngyàn ma?

句子
Sentences

1. 我 是 第一 次 来 公司 应聘。

   Wǒ shì dì-yī cì lái gōngsī yìngpìn.

2. 你 期望 的 薪资 是 多少?

   Nǐ qīwàng de xīnzī shì duōshǎo?

3. 公司 会 对 新 员工 进行 一个 短期 的 培训。

   Gōngsī huì duì xīn yuángōng jìnxíng yī gè duǎnqī de péixùn.

4. 这 份 工作 确实 很 适合 我。

   Zhè fèn gōngzuò quèshí hěn shìhé wǒ.

5.要是 被 录用，我 一定 努力 工作。

Yàoshì bèi lùyòng, wǒ yīdìng nǔlì gōngzuò.

6.经理 让 他 介绍 一下 个人 情况。

Jīnglǐ ràng tā jièshào yīxià gèrén qíngkuàng.

7.对于 这个 岗位，我 有 很 大 的 优势。

Duìyú zhège gǎngwèi, wǒ yǒu hěn dà de yōushì.

8.贵公司 不光 实力 强大，还 十分 重视 人才。

Guìgōngsī bùguāng shílì qiángdà, hái shífēn zhòngshì réncái.

9.工作 时间越久，工资 越 高。

Gōngzuò shíjiān yuè jiǔ, gōngzī yuè gāo.

10.我 提前 把 电子 邮件 发 到 公司 邮箱 了。

Wǒ tíqián bǎ diànzǐ yóujiàn fā dào gōngsī yóuxiāng le.

11.请 你 进行 自我 介绍。

Qǐng nǐ jìnxíng zìwǒ jièshào.

12.你 是 从 哪个 大学 毕业 的 呢？

Nǐ shì cóng nǎge dàxué bìyè de ne?

13.我 想 应聘 公司 销售 岗位 的 实习生。

Wǒ xiǎng yìngpìn gōngsī xiāoshòu gǎngwèi de shíxíshēng.

14.我 想 了解 一下 公司 这个 岗位 的 薪资 待遇。

Wǒ xiǎng liǎojiě yīxià gōngsī zhège gǎngwèi de xīnzī dàiyù.

15.请 问， 培训 期间 会 发 工资 吗？

Qǐng wèn, péixùn qījiān huì fā gōngzī ma?

16.请 问， 你 有 这个 岗位 的 从业 经验 吗？

Qǐng wèn, nǐ yǒu zhège gǎngwèi de cóngyè jīngyàn ma?

17.下周， 我们 线下 会 有 一 个 面试，我 一会儿 把 地址 发 给 你，请 你

Xiàzhōu, wǒmen xiànxià huì yǒu yī gè miànshì, wǒ yīhuìr bǎ dìzhǐ fā gěi nǐ, qǐng nǐ

按时 到达。

ànshí dàodá.

18.我 拥有 初级 焊工 证书。

Wǒ yōngyǒu chūjí hàngōng zhèngshū.

19.销售 岗位 可能 需要 经常 出差，你 能 接受 吗？

Xiāoshòu gǎngwèi kěnéng xūyào jīngcháng chūchāi, nǐ néng jiēshòu ma?

20.除了 这个 岗位，你 对 别的 岗位 还 有 兴趣 吗？

Chúle zhège gǎngwèi, nǐ duì biéde gǎngwèi hái yǒu xìngqù ma?

词语
Words

常用词语	拼音	词性	英语
期望	qīwàng	*v.*	expect
重视	zhòngshì	*v.*	emphasize
证书	zhèngshū	*n.*	certificate
经验	jīngyàn	*n.*	experience
面试	miànshì	*n.*	interview
电子邮件	diànzǐyóujiàn	*n.*	email

专业词语	拼音	词性	英语
应聘	yìngpìn	*v.*	apply for a job
薪资	xīnzī	*n.*	salary
焊工	hàngōng	*n.*	welder

练一练
Practice

请你对应聘焊工岗位进行一个自我介绍。

Please introduce yourself for the welder position you are applying for.

Recruitment and job application： do you have any work experience in this position?

1.This is my first time applying for a job in this company.

2.What is your expected salary?

3.The company will provide a short-term training for new employees.

4.This job is indeed very suitable for me.

5.If I am hired, I will definitely work hard.

6.The manager asked him to introduce his personal background.

7.I have a great advantage for this position.

8.Your company is not only powerful but also attaches great importance to talents.

9.The longer you work, the higher your salary will be.

10.I sent the email to the company's mailbox in advance.

11.Please introduce yourself.

12.Which university did you graduate from?

13.I would like to apply for the intern position in the sales department of the company.

14.I would like to know the salary and benefits of this position in the company.

15.Excuse me, will there be a salary during the training period?

16.Excuse me, do you have any work experience in this position?

17.Next week, we will have an offline interview. I'll send you the address later. Please arrive on time.

18.I have a preliminary welder certificate.

19.The sales position may require frequent business trips. Can you accept that?

20.Besides this position, are you interested in any other positions?

第十七课

公司 制度：只有 牢记 公司 制度，才 能 安全
Gōngsī zhìdù: zhǐyǒu láojì gōngsī zhìdù, cái néng ānquán
生产
shēngchǎn

句子
Sentences

1.不得 无故 迟到。

　Bùdé wúgù chídào.

2.不得 无故 早退。

　Bùdé wúgù zǎotuì.

3.你 需要 学习 公司 制度。

　Nǐ xūyào xuéxí gōngsī zhìdù.

4.违反 公司 制度，公司 将 予以 处罚 或 辞退。

　Wéifǎn gōngsī zhìdù, gōngsī jiāng yǔyǐ chǔfá huò cítuì.

5.我 需要 学习 哪些 公司 制度？

Wǒ xūyào xuéxí nǎxiē gōngsī zhìdù?

6.如有 变动，以新规定 为 准。

Rú yǒu biàndòng, yǐ xīn guīdìng wéi zhǔn.

7.必须 严格 执行 电业 管理 部门 的 有关 制度。

Bìxū yángé zhíxíng diànyè guánlǐ bùmén de yǒuguān zhìdù.

8.闲杂人等 不得 私自 进入 生产 车间。

Xiánzárénděng bùdé sīzì jìnrù shēngchǎn chējiān.

9.将 不需要 的 东西 清除 掉，保持 工作 现场 无垃圾 状态。

Jiāng bù xūyào de dōngxi qīngchú diào, bǎochí gōngzuò xiànchǎng wú lājī zhuàngtài.

10.每个 员工 都要自觉遵守各 项 规章 制度。

Měi gè yuángōng dōu yào zìjué zūnshǒu gè xiàng guīzhāng zhìdù.

11.遵守 所有 标识 指示。

Zūnshǒu suǒyǒu biāoshí zhǐshì.

12.工作 车间 内 禁止 吸烟。

Gōngzuò chējiān nèi jìnzhǐ xīyān.

13.我 需要 学习 哪些 工作 制度？

Wǒ xūyào xuéxí nǎxiē gōngzuò zhìdù?

14.我 可以 在 哪里 了解 到 公司 制度？

Wǒ kěyǐ zài nǎlǐ liáojiě dào gōngsī zhìdù?

15.新 职工 需认真 学习 员工 手册。

Xīn zhígōng xū rènzhēn xuéxí yuángōng shǒucè.

16.在 今后 的 工作 中 保证 不 犯 类似 错误。

Zài jīnhòu de gōngzuò zhōng bǎozhèng bù fàn lèisì cuòwù.

17. 你 为什么 无故 早退？

Nǐ wèishénme wúgù zǎotuì?

18. 你 为什么 无故 迟到？

Nǐ wèishénme wúgù chídào?

19. 交班 时 做好 交接、运行 及 安全 记录。

Jiāobān shí zuòhǎo jiāojiē, yùnxíng jí ānquán jìlù.

20. 设备 应 定期 检查 维护。

Shèbèi yīng dìngqī jiǎnchá wéihù.

词语
Words

常用词语	拼音	词性	英语
闲杂人等	xiánzárénděng	*n.*	irrelevant people
私自	sīzì	*adv.*	privately
保持	bǎochí	*v.*	keep
自觉	zìjué	*adv.*	consciously
遵守	zūnshǒu	*v.*	abide by
标识	biāoshí	*n.*	identification
定期	dìngqī	*adj.*	regular
维护	wéihù	*v.*	maintain
指示	zhǐshì	*n.*	instruction

专业词语	拼音	词性	英语
辞退	cítuì	*n.*	dismission
执行	zhíxíng	*v.*	execute

练一练
Practice

请你说说有哪些公司制度。

Please tell me about some company systems.

Company system: only by keeping the company system in mind can we produce safely

1.Do not be late for no reason.

2.Do not leave early without reason.

3.You need to learn the company system.

4.Violation of the company system will result in punishment or dismission.

5.What company systems do I need to learn?

6.In case of change, the new regulations shall execute.

7.The relevant systems of the electricity industry management department must be strictly implemented.

8.Irrelevant people are not allowed to enter the production workshop without permission.

9.Remove unwanted items and keep the work site free of garbage.

10.Every employee should consciously abide by the rules and regulations.

11.Follow all identification instructions.

12.Smoking is not permitted in the workshop.

13.What work systems do I need to learn?

14.Where can I learn about the company system?

15.New employees are required to study the employee handbook carefully.

16.Ensure that similar mistakes are not made in future work.

17.Why did you leave early for no reason?

18.Why are you late for no reason?

19.Make handover, operation and safety records during shift handover.

20.Equipment should be regularly inspected and maintained.